丛书编委会

大家精要
典藏版丛书

简读

墨子

陈德军 著

陕西师范大学出版总社　西安

图书代号　SK24N1889

图书在版编目(CIP)数据

简读墨子 / 陈德军著 . — 西安：陕西师范大学出版
总社有限公司，2025.5
（大家精要：典藏版 / 郭齐勇，周晓亮主编）
ISBN 978-7-5695-4129-8

Ⅰ . ①简… Ⅱ . ①陈… Ⅲ . ①墨翟（前 468- 前 376）—
人物研究 Ⅳ . ① B224.5

中国国家版本馆 CIP 数据核字（2024）第 025254 号

简读墨子
JIAN DU MOZI

陈德军　著

出 版 人	刘东风	
策划编辑	刘　定　陈柳冬雪	
责任编辑	陈君明	
责任校对	彭　燕	
封面设计	龚心宇　张潇伊	
出版发行	陕西师范大学出版总社	
	（西安市长安南路 199 号　邮编 710062）	
网　　址	http://www.snupg.com	
印　　刷	深圳市福圣印刷有限公司	
开　　本	889 mm×1194 mm　1/32	
印　　张	6.125	
插　　页	4	
字　　数	107 千	
版　　次	2025 年 5 月第 1 版	
印　　次	2025 年 5 月第 1 次印刷	
书　　号	ISBN 978-7-5695-4129-8	
定　　价	49.00 元	

读者购书、书店添货或发现印装质量问题，请与本公司营销部联系、调换。
电话：（029）85307864　85303629　　传真：（029）85303879

目 录

第 1 章　生逢乱世 /001

长于工匠之家 /004

初学儒术 /007

创家立派 /010

第 2 章　救世主张 /023

天下大乱的根源 /025

兼相爱，交相利 /027

向上看齐 /034

官无常贵，民无终贱 /039

尊天、敬鬼神 /044

祸福在人不在命 /050

知乐非乐 /056

消费有度，节俭为本 /062

1

陋俗的弊害 /067

非攻 /073

第 3 章　义行天下 /079

苦行为义 /080

止楚攻宋 /084

与公输班再次论战 /087

决不售义 /089

鲁国政治的批评者 /092

止齐攻鲁 /095

与儒士争锋 /098

出仕宋国 /103

客居鲁阳 /105

第 4 章　游说辩论的大师 /111

什么是辩论 /113

辩论的标准 /115

为何要辩论 /116

辩论的逻辑结构 /119

第5章 善于守御的军事思想家 /127

忘战必危 有备无患 /128

全方位的城防防御网 /131

全民皆兵 众志成城 /136

守城的战术 /139

第6章 科学真理的探索者 /148

墨子几何学 /150

墨子光学 /152

墨子力学 /156

第7章 哲人墨子 /161

第8章 墨家的历史命运 /175

附录 /184

年谱 /184

参考书目 /186

第1章

生 逢 乱 世

墨子是墨家学派的创始人，中国历史上伟大的思想家，大约出生在春秋战国之际。司马迁作《史记》时虽去墨子三百余年，墨子就已生卒不明，里籍无可考。因而司马迁在《史记·孟子荀卿列传》中含糊其词概略地记述说："盖墨翟宋之大夫，善守御，为节用。或曰并孔子时，或曰在其后。"

墨子的生平和学说主张主要靠其著作《墨子》一书保存下来，正如记载老子思想的书叫《老子》，记载孟子思想的书叫《孟子》，记载庄子思想的书叫《庄子》。中国古书自有其特点，以其本人命名的书，并非都由其撰写，其中可能有其弟子或再传弟子的作品。《墨子》一书也是如此，有其弟子或再传弟子的作品。在这些作品中，记录有墨子的活动，与同时代人物的交往，等，据此断定，墨子大约出生在孔子去世后不久。清朝治墨的大学者孙诒让考证认为，墨子生于公元前468年，卒于公元前376年，这一说法和其他说法大致相同，《辞海》"墨子"词条就采用这一说法。

然而，研究哲学史、思想史的学者，援引历史事实对孙诒让关于墨子卒于公元前376年的说法提出疑问。公元前390年改革家吴起入楚，协助楚悼王进行变法，触动了楚国封君贵族的利益，招致普遍反对。公元前381年，他们趁楚悼王病死，设计杀害吴起。在遭围攻时，吴起机智地伏在楚王尸体上，守旧贵族的利箭射中了吴起，也射到了楚王尸体上。按照楚国法律，加兵器于王尸是要诛灭九族的。当时的封君贵族阳城君参与了围攻吴起射中王尸的叛乱，楚国依法追究其罪，他仓皇出逃。楚国派兵收回阳城君的封国。当时墨家领袖巨子已为孟胜，他与阳城君关系很好，率弟子为其守城，没有收到阳城君要其撤离的口信，按照墨者的信义，孟胜拒绝撤退，决心为阳城君殉死，结果孟胜及其弟子战死。从这一历史史实判断，公元前381年吴起死时，墨家巨子已为孟胜，此时的墨子一定已经不在人世了。确凿地断定墨子的生卒之年，比较困难。其生卒之年，大约在孔子去世后、吴起死之前的近百年时间里，是比较可信的。

墨子出生的春秋战国之交，正是中国政治、经济和文化急剧变革的时代，可谓大变革与大动荡并存，新势力与旧势力斗争日趋激烈。在政治上，周天子失去天下共主的地位，中国社会先后经历了：礼乐征伐自天子出，礼乐征伐自诸侯出，礼乐征伐自卿大夫出，乃至陪臣执国命。那时候，西周以来的小国大都被大国瓜分、吞并，大国内部也由于内部矛盾出现了分裂。北方的大国晋国先是有韩、赵、魏、范、中行、知氏六家卿大夫弄权，后来这六家发生内战，最后韩、赵、魏三家胜出，瓜分了晋国，成为诸侯。东方的齐国，国君的权力也逐渐转移到客卿田氏手中。墨子出生的鲁国是个小国，东北有强大的齐国，西南有强大的楚国、越国，处境非常危险，同时，鲁国国君的权力正日益遭到崛起的卿大夫的削夺。就在墨子出生前后，鲁哀公被鲁国三家卿大夫季康、叔康、孟康逼迫，逃到了魏国。哀公死后，悼公即位，地位更加卑微，鲁国政权实际落入三家卿大夫之手。《史记·太史公自序》中说："春秋之中，弑君三十六，亡国五十二，诸侯奔走不得保其社稷者不可胜数。"进入战国后，争霸战争更加剧烈，形成了韩、赵、魏、秦、齐、楚、燕七雄争霸的局面。

墨子出生的时代，诸侯争霸，宗族相篡，佞臣弄权；整个中华大地一片混战，血雨腥风。从表面上看，一切恶的东西都滋生出来，社会道德沦丧，明哲保身的人退隐山林，争名逐利者喧嚣于世，做臣子的杀君主，做儿子的杀父亲，比比皆是。经济上，土地国有的制度井田制瓦解，土地私有制发展起来，造就了一批新兴地主，他们蓄势待发，欲图在政治上有所作为。学术文化上，从学在官府，由贵族垄断教育，到学术下移民间，私学兴起。在墨子之前的大思想家孔子就是兴办私学的代表人物，他主张"有教无类"，无论出身门第如何都有向学受教的机会，这为士庶阶层的活跃提供了条件和机遇。在诸侯争霸的社会大背景下，按宗法血缘关系决定贵贱的制度开始瓦解，人身束缚在一定程度上被打破，不管出身、国籍、贫富，一跃而为卿相，正逐渐成为一种普遍的现象。正是在这种历史背景下，被视为"贱人"，出身于工匠之家的墨子成长为大思想家，开创了与儒学并立的显学。正是这一时代造就了伟大的思想家和社会活动家墨子。

长于工匠之家

　　墨子出生在鲁国的一个手工业者家庭。在春秋之前，手工业者是没有人身自由的，他们由贵族官府组织生产，所生产的产品也归官府，其生活用度由官府供给，身份世袭。这就是我国古代的工商食官制度。春秋战国之际的社会大变革，使严格的社会等级制度趋于解体，工商食官的局面相对被打破。一部分工匠获得了自由，成了一个独立的阶层，他们甚至还有自己的一份小产业。尽管人身获得了自由，但这一阶层的社会地位并未改变，仍被认为从事低贱的行业，墨子也多次自称为"贱人"。

随着商业的兴起，进一步刺激了个体手工业的繁荣，手工业工匠和小农等小生产者作为物质生产的中坚力量，已成为一股不可忽视的社会力量。他们中的佼佼者通过学习，上升为士。在大变革的社会背景下，通过一定的际遇进入仕途，登上政治舞台参与了社会变革。墨子就属于这一阶层。他出身于工肆之家，受家庭熏陶，自幼就懂得劳动的价值，对劳动者有着天然的感情。墨子很早就参加生产劳动，学到了一身精湛的手工技能。墨子善于从生产和生活实践中总结经验，逐渐成长为一位既有理论知识，又有实践经验的杰出人才。相传，他利用杠杆原理研制成桔槔用于提水，还制造了辘轳、滑车和车梯等用于生产与军事。

在鲁国，墨子高超的木工技术，可与能工巧匠公输班媲美。《韩非子·外储说左上》记载说：墨子曾用木片制成了一只木鹰，这只木鹰能在空中飞上一天。这可谓是我国最早的航空模型。大家都认为了不起，可墨子不以为然，他认为能给生产生活带来便利的才算得上巧。《墨子·鲁问》记述说：当时公输班为展示自己的才华，用木片制成了一只会飞的木鹊，并沾沾自喜地向墨子夸耀。墨子回答说："你制作的会飞的木鹊不如我做的车辖（车轴上的关键部件），我只用一根三寸长的木头，瞬间就能砍削成一个车辖，装在车轴上，就能够承担六千斤的重量。"从中可见，墨子着眼于生产劳动，善于制造大车之类的生产工具，有着非凡的技艺。连后来的魏国宰相惠施都称赞说："墨子大巧，巧为貌，拙为鸢。"意思是，墨子才是真正的能工巧匠，他知道制作车轭等对人有用的器物才是巧，而制作木鹰之类的无用之物就是拙。

早年的经历给了墨子深刻的影响，成名后，即使成了墨家领袖，墨子还念念不忘工肆之事，他举例子、打比方、阐述自己的政见，常把工肆之事挂在嘴边。他不以自己出身工肆之家为耻，自称贱人，称自己的学说是贱人所为，把为普通大众谋利益作为最高的义。后来的儒家代表人物荀子也讥讽墨子学说是"役夫之道"，表示与儒家的"君子之道"截然对立。

青少年时代的墨子勤奋热情，善于交往，好与人辩论事理，除了对生产劳动感兴趣，他还关心时事。战国初年战争频仍，人们流离失所，社会变革带来的动荡不安，震撼着青年墨子的心灵，他产生了朴素的救世思想。那时孔子去世不久，儒学是天下最显赫的学派，而鲁国就是儒家的大本营。因而墨子就学于儒家，学习古代传统文化。

初 学 儒 术

在当时儒学是门非常流行的学问，简单地说，分为低级的儒和高级的儒。低级的儒只学些婚、丧、嫁、娶之类的礼仪，学成后，等贵族之家有了红白喜事，做个司仪、吹鼓手之类混口饭吃，为士人所看不起。高级的儒学是孔子创立的，不仅讲究婚丧礼节，还讲授君臣上下等级名分规定的礼节仪式，以及等级制度的思想。《论语·雍也》记述，孔子曾经直截了当地对他的学生子夏说："女（汝）为君子儒，无为小人儒。""君子儒"指地位高贵、通晓礼法，具有理想人格的人；"小人儒"指地位低贱，不通礼仪，品格平庸的人。孔子告诫子夏要成为具有君子品德的儒，而不要养成具有小人品质的儒。

墨子向儒家学习，学的是君子儒。在鲁国，墨子向古代著名的史官史角的后人学习周礼。史角是西周末年周桓王的王室史官，熟悉周朝的典章制度和历史。鲁国是周公的儿子伯禽的封国，保存有丰富的古代礼乐知识和器具，一向尊崇周礼。当时鲁国国君鲁惠公向周桓王请求"郊庙之礼",这是只有周天子才有权举行的一种礼仪。周桓王就派学识渊博精通周礼的史官史角到鲁国讲授这种礼仪。鲁惠公非常欣赏史角,就乘机把他留在了鲁国,日渐衰微的周天子无可奈何,只能听之任之。史角的后代从此就在鲁国从事传播周礼的事业。到墨子求学的时代,上距史角到鲁国已经有两百多年的历史。

在儒家那里,墨子主要学习古代传统礼仪以及时下流行的各种各样的礼,还有一些当时社会上必备的技能,诸如礼、乐、射(射箭,军事科目)、御(驾车,军事科目)、书(书法文字)、数(计算),再高级一点的就是儒家的典籍,诸如《诗经》《尚书》《春秋》。像所有勤奋聪明的学生一样,墨子在向学的岁月里,掌握了一些必备知识和技能,很快就熟读了《诗经》《尚书》《春秋》等儒家经典,在辩论中,他能使用儒家倡导的"仁""义""孝"等字眼,对于尧、舜、禹、汤、文、武、周公等人的历史和传说也能信手拈来。儒家弟子往往只读鲁国历史——《春秋》,可勤学的墨子读遍了周、燕、宋、齐等国的历史,后来墨子在其著作中自称遍读百国"春秋"。他用心思考,通晓了古今之变,对社会有了独立的认识。墨子对劳动人民有着深厚的感情,习惯于从生产、生活实际看问题讲道理。可儒家鄙视生产劳动,认为社会上分两种人：一种是君子，平时修身养性，做道德楷模；另一种是小人，耕田种地以供养君子。以孔子为代表的儒家认为，教育的目的是"学而优则仕"，为社会培养道德君子。孔子的学生樊迟曾请教耕田种地的事情，孔子骂他是"小人"。这深深刺痛了墨子的心。

在学习中，墨子发现了儒学的弊端。儒家讲的礼乐制度就是讲维护贵族等级制度的礼仪、器物，以及符合相应身份等级的待遇，连日常饮食都有相应规定。诸如：天子进食用九鼎八簋，鼎中要有牛、羊、豕（猪）、腊等九种肉食，卿大夫用七鼎六簋，大夫用五鼎四簋，最低级的士在普通情况下用一鼎，鼎中要有豚（小猪），特殊情况下用三鼎，鼎中盛羊、豕、鱼。除食器、食物规定外，不同身份等级的贵族还享有不同数量的钟、磬之类的乐器。其他方面，如宫室、车马仪仗、兵器等也随身份有差别。儒家极尽繁饰礼乐制度，可礼乐制度实质上代表了社会上不同等级的划分，占绝大多数的劳苦大众连起码的温饱都谈不上，出身下层的墨子对此有深深的体会。贵族们的奢华，其费用都要摊派到老百姓头上，加重劳苦大众的负担。儒家主张厚葬、久丧，认为只有这样才算"孝"。墨子却认为是浪费，不利于发展生产，纯属让活人侍奉死人。儒家讲的礼非常繁琐，一举一动都有相应的礼制规范，据说当时的礼仪有三千多种，终其一生也学不尽各种各样的礼。墨子感到了厌烦。儒家尽管宣扬仁爱，但又主张"尊尊""亲亲"，维护等级制度。墨子认为这就成了一种不平等的爱，抹杀了与劳动人民之间的感情，不算真正的爱。儒家言必称周公，把周公当作圣人，崇拜周代的典章制度。墨子却发现了一种更古老的文明，更理想的一种社会风尚——夏代文明。

墨子钦佩夏禹。夏禹生活简朴，住矮小的宫室，无雕梁画栋，吃饭用的是土碗，夏天穿葛衣，冬天披兽皮，与老百姓打成一片，没有丝毫的帝王架子。夏禹领导人民治水，奋战在第一线，三过家门而不入，累得大腿上没有肌肉，小腿上的汗毛都脱落了，他为天下人的利益奔走到死，下葬的时候，三件衣服，一口薄棺，生死简朴至极，可谓天下第一圣人。在学儒期间，墨子完成了思想转变，《淮南子·要略》记述说："墨子学儒者之业，受孔子之术。以为其礼烦扰而不说，厚葬靡财而贫民，久服伤生而害事，故背周道而用夏政。"墨子形成了自己独到的见解和主张，最终与儒家分道扬镳。

创 家 立 派

墨子最初在农民、手工业者和一般士人中宣传自己的主张，很快赢得了下层人民的认同，影响逐渐扩大。受墨子吸引，大儒子夏的弟子禽滑厘放弃了儒学改投到墨子门下。子夏是大圣人孔子的高足，其弟子投奔到墨子门下，在社会上影响很大。墨子周围集聚了一大批弟子，他们自称墨者，宣扬互爱互利，主张不拘身份任用贤人，反对战争，等，成为与儒家分庭抗礼的显学——墨家。

墨家发展成一个有严密组织的民间团体，首领由墨者推举产生，称为巨子，墨子就是墨家的第一代巨子。在墨子建立的团体中，有明确的纲领和组织纪律。纲领就是墨子的学说，他们叫作"义"，其组织成员叫作"墨者"。墨者的纪律称为"墨者之法"，非常严格，甚至连生活制度都有严格的规定。《庄子·天下》说墨者"多以裘褐为衣，以跂麻为服，日夜不休，以自苦为极。曰：'不能如此，非禹之道也，不足谓墨。'"即身穿粗衣，脚蹬麻鞋，日夜劳作不休，以勤勉自苦为做人的最高境界，谁要是受不了这种约束，就不够资格称为墨者。墨家严格执行"杀人者死，伤人者刑"的墨刑，连巨子也不例外。腹䵍做巨子时，他居住在秦国，年龄非常大了，其独生子犯了死罪。秦国国君看在腹䵍已经年迈的份上，不忍心处他儿子死刑，打算赦免他。可腹䵍严格执行"墨者之法"，亲自找到秦王，坚持要求处儿子死刑。由此可见墨者之法的严厉。

《墨子》一书中记录有墨子与弟子的对话，从中可分析在墨家这个团体中主要分为谈辩、说书、从事三类人才。《墨子·耕柱》篇记载："治徒娱、县子硕问于子墨子曰：'为义孰为大务？'子墨子曰：'譬若筑墙然，能筑者筑，能实壤者实壤，能晞者晞，然后墙成。为义犹是也，能谈辩者谈辩，能说书者说书，能从事者从事，然后义事成也。'"其中谈辩者就是学习辩论的技巧方法、专门从事游说之士。在春秋战国列国争雄的社会背景下，这类人发挥着重大作用。墨家非常重视谈辩之士的培养，墨子本人就是一位辩论大师。说书者就是讲习各种文化科学知识，培养专门的教师、学者。从事者，指的是从事农工商兵等各种事业的实用人才。

　　整个墨者团体就如同一个小社会，里面有各式各样的人才，大家共同劳动，自食其力，还实行劳动分工，根据各自的特长做不同的工作。大弟子禽滑厘做墨子的助手，下一任巨子的传人。禽滑厘和老师墨子经历差不多，先学儒，后又放弃儒学。据说禽滑厘追随墨子，"尽传其学"，继承了墨子全部学问，后来名声和老师墨子一样大。尤其是他悉心钻研守城战法，成了一名军事战术家，《墨子》一书中关于军事防御战争的战略战术都是以禽滑厘和老师墨子问答的形式表述的。

外出做官的墨者，须把一部分俸禄交给团体，做集体经费，还要随时听从命令放弃做官，接受其他任务。耕柱子、高石子、胜绰、公尚过等曾被派往楚、卫、齐、越等国去从政，被派往外地的弟子必须严格执行墨家之法，按墨家的"义"去为官。高石子被墨子派往卫国做官，卫国国君因为墨子的缘故，任命高石子做了卿，卿是朝廷中的高官，地位仅在三公之下，享受丰厚俸禄。高石子上任后，一连三天在朝廷上陈述墨家的主张，可卫君充耳不闻。高石子见道义不行，不贪图富贵，毅然辞去官职，回到墨子身边。高石子的义行受到墨子的褒赞，他高兴地对大弟子禽滑厘说："违背道义追求俸禄的，我常听说，拒绝俸禄追求道义的，在高石子身上就看到了。"被派往外地的弟子如表现不好，有违墨义，就被召回，重新接受教育。《墨子》一书中记载，弟子胜绰做了齐将项子牛的侍从，他多次帮助齐国伐鲁，被墨子请退训斥。这说明弟子虽学成外出，仍受墨家团体纪律的约束。耕柱子在楚国做官，墨子的其他弟子到了楚国，耕柱子用家常便饭招待同门，同门师兄弟嫌其招待不好，回去后向墨子报告耕柱子背叛了师傅，可过了十天耕柱子就托人送来二百两黄金作为团体经费。墨子高兴地对他们说，谁说耕柱子变了心。耕柱子也是一位外派做官得到墨子首肯的弟子。

在墨家的这个团体中，大家以墨子为师。墨子可算作继孔子之后的又一位大教育家，他开办私学，从事教育，一生都未脱离教师职业。《吕氏春秋·当染》说墨子"从属弥众，弟子弥丰，充满天下"，"后学显荣于天下者众矣，不可胜数"。由此可见墨子开创的墨家学派的兴盛。墨子把从事教育看作实现理想事业的重要部分，认为有知识懂道理，应该"劝以教人""隐匿良道"，而"不相教诲"是不仁义的事情。与孔子的教育目的"学而优则仕"不同，在墨家这个民间团体中，可培养不同行业的人才。

墨子对教育的重视丝毫不亚于孔子，他更是有教无类，诲人不倦。与孔子一样，墨子非常注重教与学。《墨子·经说下》说："唱而不和，是不学也。智少而不学，功必寡。和而不唱，是不教也。智多而不教，功适息。"大意是：老师教，学生不跟着学习，是"不学"；知识少又不学习，做事的功效一定小；学生想学习，老师却不教，这就叫"不教"；知识多不教导人，教育的功能就不能发挥出来，其功效等于零。孔子说："古之学者为己，今之学者为人。"主张以君子人格为目标的学习，提倡"学者为己"，反对"为人而学"，反对为了获得别人的赞誉而学。

一如孔子，墨子教导人学习动机要纯正，否则达不到学习的效用。《墨子·公孟》记述：有个身体强壮、思维敏捷的人，投到墨子门下。墨子对他说："你暂且跟随我学习吧，我将推荐你做官。"墨子用好言好语勉励这个人,他才学习。一年后,这个人提出要求做官。墨子说:"我不能推荐你做官。你听说过鲁国的一个故事吗?一户人家有兄弟五个,父亲死了,嗜酒成性的大儿子不去埋葬,四个弟弟对哥哥说:你和我们把父亲葬了,我们就买酒给你喝。四个弟弟用好话劝他,他才和弟弟们把父亲埋葬了。埋葬完父亲后,这个人就向弟弟们要酒喝。四个弟弟说,我们不给你买酒喝,你葬你的父亲,我们葬我们的父亲,难道只是我们的父亲吗?你如果不埋葬父亲,人家就会笑话你,因而我们劝你埋葬父亲。现在你也行义我也行义,难道只是我一个人行义吗?你不学习,人家会笑话你,因而我勉励你学习。"

作为一个教育家,墨子一有机会就劝人勤学。有一个不好学的人投到墨子门下,墨子问他:"你为什么不学习呢?"这个人回答说:"我的族人中没有求学的人。"墨子教导他说:"不能这样,爱美的人难道会说,我族人中没有爱美的人,我就不爱美吗?想富贵的人难道会说,我族人中没有想富贵的人,我就不想富贵吗?爱美的人、想富贵的人都不管别人如何,自己努力去做,至于行义,是天下的大才能,为什么还要看别人呢?一定要努力学习。"

孔子自述勤学说:"其为人也,发愤忘食,乐以忘忧,不知老之将至。"墨子也是勤奋学习的典范,即使奔走天下的途中也不忘读书学习。《墨子·贵义》记述，墨子到卫国去，用车载了许多书。弦唐子见了觉得奇怪。墨子解释说："古时候周公白天要读书百篇，夜晚还会见七十个士人，因而能辅佐周天子治理天下，美名流传到今。我墨翟上没有朝廷政事的操劳，下没有农田耕作的劳苦，我怎敢荒废读书的事？"

墨子非常注重弟子们的品德教育，讲究修身。墨子认为，要想实现理想事业必须和修身结合起来，如果行义的理想不与修身结合，理想就会流于空谈，修养也会偏离方向。在《墨子·贵义》中，墨子批评轻视自我修养的行为时说："世之君子，欲其义成，而助之修其身则愠也，是犹欲墙之成，而人助之筑则愠。其不悖哉？"意思是，世上的所谓君子都希望自己的道义实现，但是如果有人帮助他修身他就怨恨。这就像他希望把自家的墙筑好，一旦有人帮他筑墙，他就不高兴一样，非常荒谬。

墨子对弟子要求很严格，耕柱子是墨子非常喜欢的学生，个人修养很高，但墨子对他要求更高。有一次，墨子对耕柱子发怒。耕柱子说："我不是有胜过别人的地方吗？"墨子问道："我将要上太行山去，可以用骏马驾车，可以用牛驾车，你说我将驱策哪一种呢？"耕柱子说："当然驱策骏马。"墨子又问："为什么驱策骏马呢？"耕柱子回答道："骏马足以担当重任。"墨子说:"我也以为你能担当重任啊!"

墨子教育学生做人做事要老老实实。他说,言论能够付诸行动的就经常说,不能付诸实施的就不要说,否则就是卖弄口舌。专注于言辞而行动迟缓,即使雄辩也不能令人信服。这和大教育家孔子主张做人"讷于言而敏于行",有同样的道理。他要求弟子们"言必信,行必果,使言行之合犹合符节也,无言而不行也"。做人做事不仅要言而有信,还要有坚强的意志。墨子说:意志不坚强的人智慧不会通达,言而无信的人做事不会有结果。

在人生观上,墨子教育学生要正确对待成败毁誉。墨子认为,名声不能简单成就,声望也不可靠巧取得来。它和功业相随而来,容不得半点掺假。得志时不忘修身行义的志向,不得志时能细究原因;即使杂处在众人之间,也毫无怨恨之心,能保持非常自信的仪态;看到他人不好的德行,或者受到诋毁,能够反躬自省。这样,来自对方的怨恨就会减少,自己的道德修养就会一天天地提高,诋毁诬陷的话进不了自己的耳朵,谩骂的声音不从自己的口出,伤害他人的恶念丝毫不在自己心中隐藏,即使有诋毁攻讦的人,也会毫无凭据,奈何不了你。怎样才能达到这种修养呢?静处时就深思如何行义,说话时就用义劝导别人,行动时就做有益的事。还必须除去喜、怒、乐、悲、爱、恶六种偏情,它们会妨害修身行义。

　　墨子教育学生非常重视环境因素对人的影响，与儒家教育史上孟母三迁典故一样，墨子有悲染丝的故事。墨子出身于下层劳动人民，对老百姓的生产生活非常熟悉。有一次，墨子和弟子外出看到，在一座座染坑旁，乡民们正在洗染各种颜色的丝。墨子止住了脚步，观看了好久，然后感慨地对身边的弟子说："用青色染料染，丝就变成青色；用黄色的染料染，丝就变成黄色；染料变了，丝的颜色也随之变化，放进五种染料去染，丝就呈现五种颜色，对于染丝一定要慎重啊！"弟子非常了解墨子，知道先生不只是对染丝发感慨。墨子继续语重心长地对弟子说："小到士人为人处事，大到国君为君治理国家，都如同染丝一样啊。历史上，舜成为圣王是受到许由、伯阳高洁之风的熏染；大禹成为圣王是受到了贤臣皋陶、伯益的熏染；商汤成为圣王是受到贤相伊尹、仲虺的熏染；周武王成为圣王是受到名臣太公、周公的熏染。这四位君王由于所受的熏染得当，能够称王天下，被立为天子，其建立的功勋及声誉充盈于天地之间，列举天下最显赫有道义的人，必然会提到他们。历史上的昏君暴王，夏桀受到奸佞小人干辛、推哆的熏染；商纣宠爱奸臣崇侯、恶来，受到他们恶言、恶行的熏染；周厉王受到奸臣虢公长父、荣夷终的不良熏染；周幽王受到奸臣傅公夷、蔡公毂的熏染。

这四位君王受到奸邪小人的熏染，最后遭受杀身之祸，被天下所耻笑，被后人当作暴君来提起，被公认为最不仁义的人。大凡做国君的，做事合乎情理，自己能够安心，都是所受的熏染得当。善于做国君的，在选任官员时苦心焦虑，而在管理官员时轻松安逸。不善做国君的，劳心费神，可祸患仍像影子尾随着，甚至国家危亡，自己也遭受耻辱。这是由于受到的熏染不好啊！对于普通人也是这样，如果朋友都忠厚谨慎、敬畏法令、好仁好义，自己也就能够受到好的熏染，自身就会安适无患，名声就会渐渐显达，家就会兴旺起来，做官就能够符合官道正理。如果朋友都骄横鲁莽、结党营私、胡作非为，自己就会受到恶劣的熏染，其家就会日渐受损败落，其身一天比一天危险，名声日渐受辱，做官也会偏离正道。《诗》上说得好，一定要选择好染料，一定要慎重地对待染料，就是说的这个道理。"

在《墨子·修身》中，墨子提出："据财不能以分人者，不足与友；守道不笃，遍物不博，辩是非不察者，不足与游。"对于吝啬成性的人不能和他交朋友；信仰不坚定，孤陋寡闻，是非不清，不和他交游。这就是讲"近朱者赤，近墨者黑"，环境的熏陶和影响对人起到潜移默化的作用，不可忽视。

墨子集团带有军事性质，其成员随时要制止战争，参加小国、弱国的防御战争，墨子尤其注重弟子们的勇敢精神的培养。《墨子·经上》给勇敢的定义是"用，志之所以敢也"，意思是勇敢就是敢做某事的意志。在《墨子·修身》中墨子讲："战虽有阵，而勇为本焉。"意思是战斗虽然讲究队列阵势，但战士的勇敢精神是最根本的。通过墨子的教育，墨子门徒养成了不怕牺牲的勇敢精神。《淮南子·泰族》说："墨子弟子服役者百八十人，皆可使赴火蹈刃，死不旋踵，化之致也。"就是称赞墨子门徒的勇敢精神是墨子教化的结果。

在墨子及其团体的熏陶教育下，有许多人成为有成就的人。高何、县子硕原是齐国有名的暴徒，其为人蛮横不讲道理，暴虐行径为乡人所痛恨，但大家拿他们没有办法。后来两人到墨子那里学习。索卢参是巨奸大猾，无赖之徒，后来当了禽滑厘的学生。屈将子是一名武士，好勇斗狠，听说墨子主张非攻、非斗，便戴上高帽，佩长剑，亲自去见墨者。他遇到墨子的弟子胡非子。胡非子是齐国人，在墨家组织中，属于"说书者"，是著名学者，传授墨子的学说教导人，《汉书·艺文志》记载其曾著书三篇。屈将子看到胡非子厉声呵斥："听说你们墨者主张非斗，可我屈将子好勇爱斗。今天，你说个明白，为何主张非斗。说得好了便罢，说得不在理，就叫你死。"胡非子耐心地对他说："我听说，勇敢有五种。仗剑入草丛深林，斩杀虎豹、搏击熊罴是猎夫之勇；带剑潜入深渊，斩杀蛟龙、搏击鼋鼍是渔人之勇；登梯爬高，直立四望，面不改色，是陶匠之勇；攻击他人必用尖刀猛刺，稍不顺眼就动辄杀人，是刑徒之勇；不怒则已，怒则能阻挡万乘之师，救千乘之国，就像鲁国百姓曹刿、齐国老臣晏婴，是君子之勇。五种勇敢各不相同，不知你好哪一种勇？"屈将子听了心悦诚服，当场摘下高帽，解下长剑，请求做一名墨者。最后做了胡非子的弟子。这些所谓的恶人，同墨家其他弟子一道，务进业，疾讽诵，称师论道，尽力于光明，被塑造成新人、学者，由此不仅免于刑戮死辱，并且成为天下名士显人，被称为楷模。

除以上提到的墨子弟子外，见于史传的还有随巢子、我子、缠子、田鸠子等，其中又以田鸠子最著名。他是齐国人，学墨子之术，能文能武，善于辩说，曾做过楚国大将，东汉史学家班固在《汉书·艺文志》说他曾著书三篇，到隋朝时，他的著作还见于记载。田鸠子最初到了秦国，想见秦惠王，可一连三年都没有机会见到秦惠王，于是就改变主意，到了楚国。楚王器重他，封他为将军，还派他代表楚国出使秦国。楚王曾问田鸠子："你的老师墨子名闻天下，他的所作所为无可挑剔，可他的著作却非常简略，你是不是也这样认为？"田鸠子回答说：我不这样看。大王您听说过楚人买珠的故事吗？从前有个楚国人，用上等的木料做了一个珠宝盒，外边用珠玉、玫瑰作装饰，还镶嵌上翡翠，然后把珍珠装入其中，打算卖给一个郑国人。郑国人没买他的珍珠，却买走了他的盒子。这位楚人可谓是卖珠宝盒的人，却不是善于卖珍珠的人。我老师墨子的学说，其意旨是把真理告诉人，因而说得简单明了。假如繁文缛节，啰哩啰唆，只恐怕人见其文而忘其意，就如那个卖珍珠的楚国人一样了。墨子弟子有事迹可谈、传于史传的不过众多墨者中很少一部分。由于历史原因，汉以后，墨学断绝，大批墨者埋没在历史的风尘中。清代墨学专家孙诒让在谈到墨者时，痛惜地说："墨子受到世人的误解和谩骂，其弟子名字和事迹也未被记录下来。只有《墨子》一书及先秦诸子略记一二，遍寻诸书，找到的也不过三十余人。这些人勤生薄死，以赴天下之急，死后如同草木枯去，姓名湮灭，想起来令人感叹。"以上就是墨家弟子的情况。

在墨家团体里，崇尚俭朴，墨子和弟子们一样，足蹬草鞋，穿粗布衣衫，量腹而食。只要有利于天下，墨子及其弟子即使赴汤蹈火也在所不辞。墨子游说诸侯，制止战争，名震中原，被称为"北方贤圣人"。

第 2 章

救 世 主 张

　　说到墨子，人们往往把墨子与战国时期的杨朱相比较。"墨子兼爱，摩顶放踵，利天下，为之。""杨朱为我，拔一毛利天下，不为也。"墨子爱人，如果能对天下有利，即使把头顶磨秃，脚板磨穿，也会义无反顾地去做。杨朱爱自己，假若拔去腿上的一根汗毛，就能对天下有利，他也不干。两人的思想如此截然对立。杨朱也是战国时人，他闻名天下时，墨子已经去世。这个人主张"贵生""重己"之说，主张人都应该为自己着想，不该去管他人，他人也不应打扰自己。杨朱经常批判墨子的兼爱主张，认为和儒家的"大同"一样，是天下最虚伪的言辞。墨子的弟子禽子，也就是前面提到的禽滑厘，就找他辩论。有一次，禽子问杨朱：

"拔你腿上一根汗毛，对天下有利，这样的好事你干不干?"杨朱说："天下的事，绝不是拔一根汗毛所能解决得了的。"禽滑厘又问："假使能的话，你愿意吗?"杨朱干脆默不作答。禽子出来时遇到了孟孙阳，孟孙阳告诉禽子："你没明白杨朱的意思，他是想说，即使拔一毛有利天下，也不会去干，一毛再轻微，也是自己身上之物，为什么不爱惜呢。"禽子说："杨朱的这种主张，可能老子、关尹会感兴趣。我的老师墨子绝对不会认同。"这是道家著作《列子》一书记载的故事。它借这个故事说了杨朱和墨子对立的主张，墨子不仅不会认同杨朱的主张，反而认为这种"为我"的小爱，极易发展成损人利己主义，是乱天下的祸源。

尽管墨子以天下为己任、立志救民于水火中，奔走天下，不惜劳心苦形，却不是一味蛮干。以墨子为代表的墨家游说诸侯，都是在判断形势认清当时存在的问题后，有的放矢地宣传政治主张，有很强的针对性。有一次，墨子外出游历，弟子魏越前来请教："您见了四方君主，将先讲什么?"墨子回答：凡到一个国家，一定先尽紧迫的事情讲。假如这个国家贫困，就讲"节用""节葬"；假如国家沉湎于音乐、酒，就讲"非乐""非命"；如果国家浮乱无礼，就讲"尊天""敬鬼"；如果这个国家穷兵黩武，侵略他国，就讲"兼爱""非攻"。总之，要首先选择最紧迫的事情做。《墨子·鲁问》中，墨子依据当时存在的问题，切中时弊地提出了拯救乱世的十大政治主张："兼爱""非攻""尚贤""尚同""天志""明鬼""非命""节用""节葬""非乐"。在这十大政治主张中，"兼爱"是其社会政治思想的核心，"非攻"是其具体行动纲领。墨子认为只要大家"兼相爱，交相利"，社会上就没有强凌弱、贵傲贱、智诈愚、各国之间互相攻伐的现象了。他对统治者发动战争带来的灾祸以及生活中的奢侈逸乐，进行了尖锐的揭露和批判。在用人原则上，墨子主张任人唯贤，反对任人唯亲，主张"官无常贵，而民无终贱"。他还主张从天子、诸侯国君到各级政长，都要"选择天下之贤可者"来充当；普通大众则要服从君上，做到一统天下之义。

天下大乱的根源

战国初期，承续春秋乱世，社会更加动荡。原来的诸侯国只剩下七个，齐、楚、燕、赵、韩、魏、秦。新兴政治势力与旧贵族之间的争斗更为激烈。大动荡、大整合伴随着血雨腥风、人与人之间的相互残杀，道德、人性沦丧。从表面上看，这是一个病态的社会。如何治理乱世，重建太平呢？墨子认为，治理乱世就像医生给病人治病一样，首先要弄清致病的症结。如果找不到造成天下大乱的原因，就像医生治病找不到病因一样，只会越治越乱。墨子认为，社会之所以失范，在于人与人之间不相爱，最根本的原因是天下的人们各怀私心不能相互关爱。

《墨子·兼爱中》说："是故诸侯不相爱则必野战，家主不相爱则必相篡，人与人不相爱则必相贼，君臣不相爱则不惠忠，父子不相爱则不慈孝，兄弟不相爱则不和调。天下之人皆不相爱，强必执弱，富必侮贫，贵必傲贱，诈必欺愚。凡天下祸篡怨恨其所以起者，以不相爱生也。"小到人际关系大到列国关系，墨子逐层分析了导致社会争斗、天下大乱的根源。从最亲密的家庭关系讲，当儿子的处处考虑自己的利益，忘掉做儿子的义务，不爱父亲，就会引起父亲的不满。做父亲的凡事只顾自己，丢弃做父亲的责任，对儿子不慈爱，同样会引起儿子的不满。这样一来，父不慈，子不孝，父子不相容，乱必从家起。再引申一步，做臣子的如果凡事只考虑个人的荣辱进退，不爱君主，不尽心尽责，就会损害君主的利益，招致君主的不满。反过来讲，君主无视臣子的辛劳苦衷，对臣子寡恩薄义，就会遭臣子记恨。君不惠，臣不忠，君臣不协调，朝廷必无宁日。推而广之，普通百姓只爱自己，不顾他人，就会为了私利不惜残害他人的身体，盗窃他人的财物，危害社会，致使盗贼四起。大夫们只爱自己的家族，无视其他家族的存在，就会为了家族的利益，不惜倾全族之力相斗相争，致使社会祸乱不止。诸侯国君只爱自己的国家，不爱别国，就会不忌讳倾全国之力进行攻伐战争，致使战乱不已。

墨子认为，天下大乱的症结在于人与人之间不能相互关爱。如果整个社会普遍缺乏爱心，人多势众的必定压制势单力薄的；富裕的势必恃富欺贫；尊贵的一定会以贵傲贱；奸诈的人自然会欺骗愚昧无知的人。爱是维系社会和谐的根本，可阻止人们相互憎恨，劝导人人互利，是根除天下祸乱建立美好社会的要务。

兼相爱，交相利

墨子讲的爱并不是普通意义上的爱，他宣扬的爱是天地间的至爱，是一种包容一切的博爱，没有差别的平等的爱，因而叫作兼爱。这种"爱"正如墨子所阐释的，爱别人如同爱自身，爱别人的父母如同爱自己的父母，爱别国如同爱自己的国家。只有普遍地爱天下众生才称得上爱人，不爱人就不必等到不爱所有的人才叫不爱人。

据《墨子》一书记载，对于墨子主张的博大之爱，当时就有人发出这样的疑惑："天下之大，个人之微，怎么能做到爱天下的人呢?"墨子回答说:"天下之人尽管数不胜数,但我们兼爱的心量也是无限的。你见不到那个人,甚至没有听说过那个人,这对我们行兼爱是没有妨碍的。就如同一个孩子走丢了,他的父母日夜牵挂着他,尽管不知孩子流落何方,但对孩子的爱心丝毫没有减少。"存疑者仍然诘问:"尽管如此,但施爱者不能把爱均匀地分到每个人身上呀。"墨子进一步解释说,这是把爱和爱带来的利混淆了,爱是广泛的心量,利是施爱的具体事功。

墨子认为,他所说的爱尽管是博施济众,但得到爱利的却有先有后,有厚有薄,这都是客观条件造成的。为此墨子还举了生活中的例子来形象地讲述兼爱在现实中的表现:有两个众所公认的孝子。一个孝子遇到丰收之年,年成好,对父母的奉养很丰厚;一个孝子遇到荒年,收成差,对父母的奉养较薄。两个儿子爱父母的孝心是一样的,只是受客观条件的限制,给父母的利有厚有薄罢了。兼爱也是一样的,或许亲近的先得利,疏远的后得利,但爱心是没有亲疏远近差别的。

在当时,反对墨子的人很多,尤其是儒家。有一个儒士叫巫马子,他反对墨子的兼爱主张,找到墨子辩论。他说:"我和您的主张不一样,我不能做到兼爱。我爱我的邻国邹国人胜过远方的越国人,我爱自己的国人鲁国人胜过邹国人，爱家乡人胜过一般的鲁国人，爱家人胜过家乡人，爱父母双亲又胜过家里其他人，爱自己又胜过爱父母。我的爱是有亲疏差别的，与我亲近的就爱得深一点，疏远的就差一点，总的原则是以我为中心。这是为什么呢？打我，我就会痛；打别人，我就感觉不到痛。我只会还击使我疼痛的人，而不会攻击使别人疼痛的人。因此，我会为有利于自己而杀害别人，却不会为有利于别人而牺牲自己。"可以说巫马子把儒家"爱有等差"的思想说到了极端。

墨子没有正面回答，他反问巫马子："你是把自己的主张隐藏起来还是告诉别人呢？"巫马子说："我为什么要隐藏起来呢？我一定告诉别人。"墨子说："一人信服你的主张，这个人就可能为有利于自己而杀掉你；十人信服你的主张，这十个人就可能为有利于自己而杀掉你；天下人信服你的主张，天下人就可能为有利于自己而杀掉你。因为，一人不喜欢你的主张，这个人就可能认为你传播恶言而杀掉你；十人不喜欢你的主张，这十人就可能认为你传播恶言而杀掉你；天下人不喜欢你的主张，天下人就可能认为你传播恶言而杀掉你。普天之下喜欢你主张的与不喜欢你主张的都有可能杀掉你，你反对兼爱，不是荒唐透顶、自害自身吗？"巫马子尴尬地说："这，这……"

后来巫马子仍然不服气，又来非难墨子。这次巫马子改变了反驳的方式，他问墨子："你兼爱天下也没给天下带来明显的益处，我不能平等地爱天下人也没给天下带来明显的害处。既然咱们做的都没有成效，为什么你说我错你对呢？"这是一个比较难以回答的问题，墨子非常沉着地说："假如发生了火灾，一人准备提水救火，一人想拨弄火，让火烧得更大些，两人都没有做成，你是赞成救火的人呢，还是赞成助火的人呢？"巫马子是个儒士，素以道德君子自我标榜，想都没想就说："当然赞成救火的人，他的动机好，另一个动机不好。"这一回答正中墨子下怀，于是笑着说："你这不是在承认我兼爱天下值得赞成，你不兼爱天下的动机应该反对吗？"巫马子理屈词穷地说："我说不过你。"只好灰溜溜地走了。

在那时不单单儒家，其他学派的人也反对墨子，就连墨子的弟子们对其至善至美的兼爱思想主张也有所怀疑。其中一个说法，墨子说的兼爱的确既善又美，但是行不通。墨子坚定地回答："哪有善的事情行不通的啊？如果真的行不通，我宁可抛弃它。"有人甚至带有嘲讽的味道说，墨子推行兼爱就像举着泰山跨越黄河、济水一样，自古以来就没有办到的。墨子列举历史事实驳斥这种说法：古代圣王禹、汤、文王、武王都亲身实行过兼爱，尽管现在无法亲自听到他们的声音，看到他们的容貌，但他们的事迹都被记载到竹帛上，镂刻到金石上，雕刻到盘盂上，传给了后世子孙。商汤时，天下大旱七年，汤王祈祷说：我不知怎样获罪于天，如万民有罪，我一人承当，如我一人有罪不要罪及万民。这是《汤说》记载汤的兼爱。《泰誓》上说：文王像日月一样，光照天下四方、西土。这就是说文王的兼爱之博大就像日月普照天下一样，毫无偏私……墨子认定，历史上的明君圣王都是行使兼爱的。坚持推行"兼相爱，交相利"的社会主张，美好的社会就会建成。尽管如此，仍有人发难："那是古人的事情，可现在时移世异，今人未必会认同兼爱。"的确如此，当时的社会现实，上至诸侯下至普通士大夫都为一己私利在争斗不休。针对这种说法，墨子打比方说，一个人有两个朋友，一位能够行兼爱，另一位不能做到兼爱。兼爱的朋友视朋友的身体如同自己的身体，把朋友的父母当作自己的父母，对待朋友，饥则给食，寒则送衣，病则养护，死则为其料理后事。不能兼爱的朋友根本不在意朋友的饥、寒、病、死。不能兼爱的朋友说：我怎么能够把朋友的身体当成自己的身体呢？我怎能把朋友的双亲当成自己的父母呢？现在大敌当前，这个人要赴战场，生死未卜，他是将父母、妻子、儿女托付给兼爱的朋友还是不能行兼爱的朋友呢？当然是托付给兼爱的朋友。对于君主也是这样，大众在关键的时刻，会选择兼爱的君主，抛弃不能行兼爱的君主。因此当今无论多么愚蠢的人，甚至反对兼爱的人都会这样选择兼爱的朋友、兼爱的君主。墨子认为：攻击兼爱的人言行不一。

反对者仍有说辞："那为什么天下不能形成兼爱的风尚呢？"意思是在现实社会如何实现这一政治理想啊，为什么当前社会仍是这个样子。针对这一现实问题，墨子分析说，当前社会不行使兼爱，是因为在上位的人不提倡，普通人又不知道兼爱带来的利益不能主动实行罢了。他认为行使兼爱要靠在上位的人自上而下推行。为此，墨子列举历史上的例子说：从前晋文公崇尚节俭，喜欢穿粗布衣服，晋国士人们纷纷效仿，穿着粗陋的服装入朝觐见晋文公。楚灵王喜欢细腰，楚国的士人们就大兴减肥之风，每天只吃一顿饭，刻意束腰，以致身体虚弱得须用力抓住东西才能站起来，扶着墙壁才能行走。越王勾践喜欢勇士，曾故意烧船纵火，击鼓令将士奋勇向前，结果，将士们前赴后继，争先蹈火而死者数以百计。粗服陋衣、饿饭节食、赴火就死是一般人难以做到的，但因君主喜欢且提倡，下属就做到了，何况要人相爱互利呢？

尽管如此，仍有人借伦理道德反对墨子，说兼爱不分彼此亲疏有违孝道，会损害双亲的利益。这是借普遍存在的血亲感情来挑战墨子的兼爱主张。儒家的尊尊亲亲的等级制度就是建立在血亲宗法心理上的。还有人说，推行兼爱靠上行下效未免有投君主所好、为名殉身的嫌疑，更何况兼爱不是出自理性的自觉，就很难持久下去。墨子对此进行有理有据的反驳：孝子为双亲考虑是让人善待他的双亲呢，还是让人亏待他的双亲呢？当然是让人善待自己的双亲。怎样才能让人善待自己的双亲呢？是先善待别人的双亲才能赢得别人善待自己的双亲，还是先亏待别人的双亲才能使别人善待自己的双亲呢？当然是先善待别人的双亲然后别人才能善待自己的双亲。这样兼爱违背不违背双亲的利益一看便知了。《诗经·大雅》说得好：没有一句话不会获得相应的应答的；没有一样善行不得到回报的；投我以桃，报之以李。墨子进一步陈述兼爱的道理："能爱别人的，别人也会爱他；能施利于别人的，别人也会施利于他。憎恶别人的，别人也会憎恶他；损害别人的，别人也会损害他。关爱别人并不是排斥关爱自己，自己也是人类的一分子，爱所有的人，自然爱就加于自身了。怎么能说人们行兼爱做不到理性的自觉呢？礼尚往来也是人之常情，兼爱主张有在现实社会实现的社会基础。"

墨子认为：实行兼爱利人惠己，如果再有居上位者的大力提倡，天下百姓趋同于兼爱互利，就像火向上、水就下，其势必不可阻挡。这样就会家有孝子、慈父，国有惠君、忠臣，年老无子的能够得到赡养而终其天年，孤单没有兄弟的能够安居众人之中，失去父母的孤儿能够有所依靠而长大成年。人人相爱互利，自然就没有了争斗、攻伐，天下就是一个美好的人间。

墨子讲兼爱，一言以蔽之，违反兼爱互利原则的恶果是"强必执弱，富必侮贫，贵必傲贱，诈必欺愚"，天下大乱，人人受其害。"兼相爱"并不否定自爱，而是把自爱与相爱结合起来。"交相利"也不是鄙视自利，而是力求使自利与互利两不偏废。这是"兼相爱，交相利"的精要。"夫爱人者，人必从而爱之；利人者，人必从而利之。"在这种爱意融融的相互义务性关系中，人们才能组成安定和睦的群体，天下才能实现和谐、富足。

向 上 看 齐

墨子认为：尽管在人们心理上存在"兼相爱，交相利"的倾向，但混乱的社会已经很久了，自私自利损害他人的旧习气积弊很深，要想一下子扭转过来不那么容易。实现天下兼爱的理想，还必须靠在上位者自上而下地提倡推广。治理天下结束混乱局面，需要动用国家机构的权力，借助它向全社会推行"兼相爱，交相利"的大义，从而达到天下大治。这就是墨子的尚同思想。

尚同就是崇尚统一、同一,"向上看齐"。作为一种社会大治的规划,尚同就是用行政的手段逐级统一思想,把一人一个主张、一人一个主义的"小义"统一到"兼相爱,交相利"的"大义"上来。墨子认为,贯彻"兼相爱,交相利"的天下大义,必须依靠在上位者的号召,要达到一呼百应,又必须首先做到思想、政令统一。讲述尚同政治主张,出身工肆之家的墨子仍习惯用农工肆事来说明问题。他说:"大凡天下做事的,没有统一的法度、准则,能把事情做成功的,是从来没有的。天下的工匠们虽各有特殊的技巧,但都要遵守共同的标准、法则。制方要用矩尺,制圆要用圆规,取直要绷紧墨线,取平要用水平仪,取垂直要用悬挂的垂线。这五种标准,是各类工匠普遍遵从的法则。遵从普遍的法则,能工巧匠能做到准确地合乎法度,一般的工匠即使稍有偏差,效果也比自己乱做好多了。所以,大到治理天下,其次治理一个国家,也不过如此。"为此,墨子还考察了历史流变,也就是国家和法律制度的起源。

人类曾经经历过没有法律制度、国家机器的时候,那时候,大家不认为有什么应该共同遵守的社会规则、制度,起初人口很少,还没有表现出混乱,后来人口逐渐增加,一人有一个主张,十人有十个主张,百人就有一百个主张,天下之人不可胜数,天下主张之多也不可胜数。人们往往以己为是，以人为非，因而相互指责、攻击，不能和谐共处。家庭内部父子、兄弟相互怨恨憎恶而分散离析。天下的百姓如同水火不兼容而相互残害。社会上有余力的人不能帮助人；有余财的不能调配分给他人；好的方法、技能都隐藏起来，不能相互传授。总之，那时的人们混乱得如同禽兽一般。大家深受没有行政长官、思想不统一的害处，懂得了其中的道理，就推选贤能的人，立为天子，统一天下人的思想，发布统一的政令，规范人们的行为。天子确立后，他自感力量不足以治理天下，就任用贤能的人做"三公"，让他们协助从事管理天下的工作。尽管天子、"三公"确立了，但由于天下土地广大，人民众多，远方的百姓对是非利害辨别不明，仍不能统一思想，于是就把天下划分为一个个国家，设置了诸侯国君。诸侯国君又选拔贤才，逐级设立了乡长、里长等行政长官。一整套行政系统建立后，天下才有了统一的思想和政令。

墨子认为，尧舜时期中国才进入有国家和行政的时代，然而人类的历史进程也不总是坦途，夏商周圣王时期是墨子理想中的太平盛世，出现禹、汤、文王、周公这样的明君圣王，他们用大义统一了社会，结束了混乱纷争的局面。但是在历史进程中也产生了桀纣之类的昏君，他们破坏大义，天下又陷入混乱纷争的状态。当时的天下诸侯多为穷兵黩武昏庸残暴的君主，才会出现战争连绵不断、生灵涂炭的局面。

建立起"刑政"和政长，用国家强制的方法推行，统一人们的思想，人类才由混乱进入有秩序的社会。天子发布政令说：无论好的言行还是坏的言行，发现后都要向上司汇报，上司判定正确的，下属也要认定为正确；上司判定为不正确的，下属也要认定为不正确。上司有过失就要劝谏，下属有善行就大力推广。凡事都要与上司保持统一而不能有结党营私之心，否则就要受到惩罚。基层里长是一里的贤人。他发布政令说：全里的是非标准都要一同于乡长。乡长是一乡的贤达。他发布政令说：全乡百姓凡事都要与国君保持一致，以他发布的政令作为是非标准。国君是诸侯国的贤人。他发布政令说：举国百姓凡事都要与天子保持一致，以天子的是非标准作为行为的是非标准。天子向谁看齐呢？天子要向天看齐。天子效法公正无私的天，天下不论大国小国、长幼贵贱，天都一视同仁，它广施恩泽，给人类带来不竭的光明，却不以德自居。这属于墨子的宗教观，下面还要讲述。墨子的尚同是向上看齐，由上监督下，逐级统一思想、政令。

尚同在治理国家中有什么好处呢？

墨子认为：自古以来治理国家，了解民情是关键，了解民情的就能治理好国家，否则只会愈治愈乱。因此，古代的圣王非常慎重地选择崇尚同一的贤才，任用他为行政长官，这样上下沟通的渠道才能保持顺畅。上面没有计划到的事，遗漏没有兴办的利益，下面及时弥补兴办它。百姓中蓄积了怨恨、祸害，上面很快就能得知，采取措施消除它，于无形中化解了矛盾、祸害。甚至几千里几万里外有做善事的，他家里的人还未得知，可天子已经得知并奖励了他。几千里几万里外有做坏事的，他家里的人还未得知，可天子已经惩罚了他。因此，天下百姓都小心谨慎不敢违法乱纪。这样身处至高上位的天子就好像有了神奇的视觉、听觉：能够用别人的耳目帮助自己视听，用别人的口帮助自己言谈，用别人的心帮助自己思考谋划，用别人的四肢帮助自己行动。他看得远，谋划事情往往有收获，做事很快就能够成功，有美言善行也比别人传播得快，影响得远。夏商周三代圣王就是这样圣明的天子，他们创造了太平盛世。这就是崇尚同一治理国家的好处！墨子认为尚同是治理天下的妙方，实行尚同，必须时刻把兼爱的思想融入其中，凡是让百姓与上保持一致的，一定要爱护他们，赢得他们的信任，用富贵在前面引导，用刑罚在后督促。如果这样的话，即使想让百姓不与自己保持一致都不可能。

官无常贵，民无终贱

从墨子的尚同政治主张看，各级行政长官上到天子下到基层里长都必须是行义的贤才，同时也必须是能举荐贤才的人。这样才能够完成一统天下大义，实现"兼相爱，交相利"的理想，由此可见，墨子的尚同必须以尚贤为必要条件。也就是说，在国家政治生活中非得任用贤才不可。在墨子的心目中，贤才是国家的珍宝、社稷的栋梁，在一个社会中，贤才的多寡决定了社会的治乱。一个国家的当务之急就是举贤才，通过各种途径广开进贤之路。治理国家不知道体恤有才能的人，就可能亡国。臣下看到有才能的人不立即亲近，就是失职怠慢君主。对这一点，墨子看得很清楚。在那个诸侯并争的时代，贤才可谓决定国家的命运。《墨子·亲士》着重指出："非贤无急，非士无与虑国。缓贤忘士，而能以其国存者未之有也。"

在春秋战国，伴随社会大变革兴起的尚贤思潮中，墨子也喊出了时代的最强音。

墨子所处的时代正是中国社会动荡最激烈的时期，诸侯争霸，使整个社会进行着一场大博弈，而这场大博弈又是对人才的博弈。在客观上这是尚贤的基础和条件。不只墨家，与其并称显学的儒家，也亮出了尚贤的旗帜，只不过儒家的贤才标准是精通礼乐文化，维护尊尊亲亲等级制度的道德仁义君子。而在当时的社会形势下，尚贤和任人唯亲的宗法制度是并存的，这严重影响了社会的发展，阻碍了新兴阶层的晋身之路。

墨子作为下层出身的寒微士人，尚贤主张的呼声最高，对任人唯亲的宗法制度的批判也最为激烈。他认为拯救乱世，完成一统天下大义，实现"兼相爱，交相利"的美好社会理想非得急用贤才不可。他把抱残守缺、顽固坚持旧制度的王公贵族喻为不可理喻、不明事理，简直愚蠢至极。其言论近乎控诉。

王公贵族们做衣服，知道物色好的裁缝；烹制食物，必让优秀的厨师去掌勺；自己的良马病了，必请医术精湛的兽医；可轮到治理国家，就任用有骨肉之亲的人、宠幸的人。明明知道这些人的才能不足以管理百人却任用他们做管辖千人的官，不足以管理千人的却任用他们做管辖万人的官，这是把国家看得还不如一顿饭、一件衣服、一匹马啊！真是知小不知大啊！任人唯亲的后果是：无能的人在身边，贤能的人必然会远远地躲开。这样上下沟通的渠道就会堵塞，是非标准必然会不一致，赏赐的并非百姓认可的有善行的人，惩罚的也并非人人唾弃的恶人。赏不能劝善，罚不足以戒恶，世道岂有不乱之理?

墨子进一步把社会大乱的根源归结到任人唯亲的旧宗法制度上。这些愚蠢的王公贵族实在是想让国家强大、人民富庶,可事与愿违,就是由于他们不任用贤才啊。非亲不贵,不是嫡长子就不能让他继承爵位,世袭俸禄、领地,他们认为这是万古不变的常理。现实正如他们所坚持的那样,有骨肉之亲的即使是哑巴、聋子,暴虐如同桀纣的人也不会被忽视,无骨肉之亲的即使德行淳厚如同禹、汤、文、武一样的贤才也得不到任用。他们这是让哑巴出使异邦从事外交活动,让聋子去做乐师啊!

在尚贤这一重大政治主张上,墨子近乎呐喊:"官无常贵而民无终贱。有能则举之,无能则下之。""虽在农与工肆之人,有能则举之。""不党父兄,不偏富贵,不嬖颜色。""不辨贫富、贵贱、远迩、亲疏,贤者举而尚之,不肖者抑而废之。"做官的如果无才无德,就会被罢黜,不能永处富贵;普通百姓只要有才德也不会永远贫贱。这是时代的声音,也道出了下层人民的政治呼声。墨子把尧、舜、商汤、武丁赞誉为举贤才的圣王。古时候,舜在历山下耕田,在河滨烧制陶器,在雷泽打鱼,就是一个普普通通的农夫,可圣王尧发现了舜的贤德,举荐他做了天子。伊尹只是有莘氏之女的陪嫁奴仆,在商做厨子,圣王商汤发现他有杰出的才能，就任用他做了宰相。傅说是个奴隶，穿着粗衣，戴着绳索，在傅岩筑城，圣王武丁发现了他有非同寻常的才能，就任用他为相。舜、伊尹、傅说有才德但都是贫贱的人，圣王尧、汤、武丁不因他们贫贱而举用，因而成就了一番事业，创造了盛世。

墨子怀着美好的意愿描绘了圣王时代的贤人社会。古圣王时期是至德美世啊！圣主以百姓利益为重，任用有才能的人，尊重有德行的人；举贤荐能不偏私骨肉之亲，即使是遭人轻视的在田间劳作的农夫、没有自由身份忙碌在作坊中的工匠、四处奔波被称作贱人的小商贩，也不会被遗落民间。

在现实政治操作中，墨子一方面控诉在上位者死守旧观念、慢待贤才视贤才如草芥的恶行，同时又近乎苦口婆心地向王公贵族谏言。他提醒当权者，现实生活中，贤才不会也不愿取悦于君上，这就要求在上位的既要有尚贤之心，又要有用贤之量。墨子劝诫在上位的明辨是非，做贤君明主，屈身求贤，体谅贤才与众不同的个性。他说：良弓难挽，但可以射得高射得远。良马难以驾驭，可以负重致远。贤才不可颐指气使，但可以使君上尊荣备至。哪能不吸纳与自己共建大业的贤才，只喜欢顺从取悦自己的人啊？大江大河并非只有一个源流，千金之裘并非采自一只狐狸腋下之皮。无尚贤之心、用贤之量，就如同贫瘠的土地难以长育五谷。《墨子·亲士》一篇中说："故虽有贤君，不爱无功之臣，虽有慈父，不爱无益之子。是故不胜其任而处其位，非此位之人也，不胜其爵而处其禄，非此禄之主也。"意思是，贤明的君主不会爱不能建立功业的臣子，慈爱的父亲不会爱无所作为的儿子，职位和俸禄应与才能相符。贤才的多寡决定了社会的治乱。国家贤良之士众，则国富民强；贤良之士寡，则积贫积弱。

如何让贤才越来越多呢？墨子认为：必须让有贤能的人富贵、被敬重、受赞誉，这样贤才必将越来越多。作为能让人富、能让人贵、大权在握的君主应做到：不是贤才的不让他富有，不是贤才的不让他尊贵，不是贤才的不和他亲近交往。这样做定会产生良好的社会效应：恃富、恃贵的人不再依仗家族的尊贵、富有，趋同于多行仁义，力争做一个贤人。有亲戚关系的人看到国君治理国家，不避疏远，唯贤是举，就不再将亲戚关系作为晋身之路，而是行仁义，做贤人。君主身边的人看到这样就不再倚仗和君上关系密切，而是行仁义，力争做一个贤人。偏居一处的人不再担心难以接近君上，受不到重用，而是一心一意行仁义，做贤人。如此一来，地处偏远之地的臣子、宫廷宿卫、国内的百姓、田野里的农夫都竞相努力做一个贤人，普天之下形成尚贤的风尚，君上怎么还会发愁国中贤才不多呢？

墨子认为君上除有举贤之心、用贤之量外，还必须能够与贤才分禄、分事、分权。也就是说，给贤才较高的爵位、优厚的俸禄，任用他们处理事务，给予决断的权力。因为爵位不高，众人就不会尊敬他；俸禄不厚，众人就不会信任他；政令不能自行决断，众人就不会威服他。这样做，并不是单单赏赐贤才们，而是让他们做事成功啊。如果能够达到这样，就近于墨子心目中的理想的贤人社会：以德行安排职位，以官职安排事务，以付出多少辛劳确定赏赐，按功劳大小发放俸禄。推举有才能的人避开个人恩怨，官员不能永享富贵，百姓也不会永久贫贱。墨子的尚贤主张，不仅在当时，就是在今天也不失为富有智慧的治理国家的思想。

尊天、敬鬼神

在墨子的尚同政治主张中，金字塔尖端的天子要上同于天，顺从天意，"率天下百姓，以从事于义"。从《墨子》一书看，墨子所说的"天"具有道德意志，是人类社会的最高主宰。

天最公正、仁慈，它普降雨露，滋润万物，生出五谷桑麻，存养天下之人；它没有偏心，国与国、人与人，在上天面前都是平等的，谁也没有权力压迫谁。墨子在《墨子·法仪》中说："天下无论大国小国，皆天之邑也，人无论长幼贵贱，皆天之臣也。"天有意志，有好恶，"欲义而恶不义"，一视同仁地抚育百姓，兼爱着人类，他不愿看到世人互相残害，而是一心要人们兼爱相利。《墨子·天志中》说："天之意，不欲大国之攻小国也，大家之乱小家也。强之暴寡，诈之谋愚，贵之傲贱，此天之所不欲也。不止此而已，天欲人之有力相营，有道相教，有财相分也。"天最明察，能赏善罚恶，报应不爽。人之初，建立国家，掌管天下的天子就是天选立的，上天选立天子，只是让他爱利万民，并不是让他享受富贵。上到天子下到庶人必须按天的意愿从事兼爱相利的义事。尤其是对于不受权力约束的天子而言，天子要受天的管束，"天子为善，天能赏之，天子为暴，天能罚之"。实质上，墨子的"天志"是用来规范王公贵族天子行为的。这一点《墨子·天志上》说得很清楚："我有天志，譬若轮人之有规，匠人之有矩，轮匠执其规矩，以度天下之方圆，曰：中者是，不中者非。"意思是，我有天志就像制作车轮的工匠有圆规，匠人有矩尺一样，轮人、匠人拿着手中的规和矩校正天下的方圆，说：合乎规矩的就正确，不合乎规矩的就错误。

对于鬼神，墨子千方百计论证其存在，列举历史上鬼神存在的例子，有各种各样的鬼，有天鬼，有山水鬼，也有人死为鬼的，把鬼神描绘得活灵活现。鬼神的作用是帮助上天赏善罚暴。墨子认为：怀疑鬼神的存在，不晓得鬼神能赏善罚暴，是当今天下大乱、恶人暴行层出不穷的原因。

墨子高扬天和鬼神的威力，批判士君子不承认天有意志，否认鬼神的存在是知大不知小。号召人敬天畏鬼神，他说：得罪了家长可以逃到邻家，得罪了国君可以逃到邻国，如果做了恶得罪了上天就无处可逃。人的一切行为都在上天、鬼神的监视之下，即使你处在"幽间广泽，山林深谷"等人迹罕至的地方，鬼神都能对你的行为了如指掌。做官的"治官府不廉洁"，普通人"为淫暴寇乱盗贼"，"鬼神之明必知之"，不管你"富贵众强，勇力强武，坚甲利兵，鬼神之罚必胜之"。

墨子明确地主张有神论，在春秋战国时期是独一无二的。墨子利用了传统的宗教思想对其内容按自己的思想作了改造，使天、鬼神成为推行自己政治主张的工具。可以说，墨子"天志""明鬼"都是推行其救世学说的工具，这种宗教思想虽属迷信糟粕，但不影响墨家实事求是的无神论方法。

就鬼神能不能赏善罚恶，连墨子的学生也多次表示疑问。一次弟子问："先生认为鬼神什么都知道，能给人降下祸福，行善之人，鬼神能让人得福，作恶的人，鬼神让其得祸。现在追随老师行义已经很久了，为什么福还不到来呢？是先生的话有什么不对的地方呢，还是鬼神没有这么大神通，不晓得人间的事呢？我为什么至今得不到福报呢？"墨子回答说："尽管你没有得到明显的福报，可我的话有什么不对呢？鬼神有什么不知呢？我给你举个例子吧，你知道藏匿罪人有罪吧？""知道。"弟子回答说。"同样，藏匿别人好处的人也有罪。如果有一个人，善行好过你十倍，你能做到逢人就称誉他十次，而不自夸一次吗？如果一个人好过你一百倍，你能终生赞誉他，不自夸吗？"墨子继续向弟子诘问。"不能。"弟子老老实实地回答。"藏匿一个人的善行就有罪了，现在你不知道藏匿了多少人的善行，有多重的罪，怎么还能求鬼神的福报呢？好好儿行义吧。"墨子语重心长地说。弟子听了默默退下。这是《墨子·公孟》中记录的故事，从中可以看出墨子对鬼神干预人事的真正态度。

还有一次墨子病了，已经卧床不起，有个叫跌鼻的弟子去看望他，他看到老师满面病容非常憔悴，感到疑惑，就忍不住问老师："先生认为鬼神神通广大无所不知，一切行善的人都能得到福佑，一切作恶的人，都会给他降下灾祸。先生可以说是圣人，为什么还会患病呢？是先生的言论有不好的地方呢，还是鬼神不明事理呢？"墨子强力坐起来，回答说："我虽然患病了，又怎么能够足以说明鬼神不明呢？人患病有多种原因，有的病是冷热所致，有的病是过度劳苦所致，我奔走天下，力行大义，就像居家一百个门只堵上了一个门一样，盗贼怎么可能进不来呢？"这个回答等于将迷信和科学调和起来，近乎强辩，反映了墨子思想的矛盾之处。

墨子作为一个躬身践行的思想家，在日常生活中会放弃有神论的观点。《墨子·贵义》记载了一个故事：有一次墨子从鲁国出发，准备去齐国，正在向北去的路上，迎面遇到一个相面的人，这个人告诉墨子："上天今天在北方杀黑龙，你长得这么黑，去北方不吉利。"墨子回答说："如果上天在东方杀青龙，在南方杀赤龙，在西方杀白龙，如照您说的，那么普天之下的人就不能出门行路了。这是骗人的，您的话我不能听。"墨子照常赶路到齐国去。可见墨子并没有把鬼神、上天放在心上。

在祭祀鬼神的问题上，墨子也是模棱两可的，他让人相信鬼神的存在，又为自己留下了后路。

《墨子·明鬼下》说："今絜为酒醴粢盛，以敬慎祭祀，若使鬼神请有，是得其父母姒兄而饮食之也，岂非厚利哉！若使鬼神请亡，是乃费其所为酒醴粢盛之财耳。自夫费之，非特注之污壑而弃之也，内者宗族，外者乡里，皆得如具饮食之。虽使鬼神请亡，此犹可以合欢聚众，取亲于乡里。"大意是说：现在洁净地置办酒醴粢盛，恭敬小心地祭祀鬼神，如果真有鬼神的话，那么你祭祀鬼神，逝去的祖先亲属都可得到好处，可谓厚利。如果没有鬼神的话，那么你也不过浪费些供品钱财，损失并不大，倒可以借机与乡亲们聚餐一次，增加感情。

墨子借鬼神来推行自己的社会主张，这在墨子的著作中说得很清楚。"今天下之王公大人士君子，中实将欲求兴天下之利，除天下之害，当若鬼神之有也，将不可不尊明也，圣王之道也。"墨子的鬼神之道纯属用来推行自己的政治主张，并不是因迷信而误行义之事。被视作墨子后学作品的《墨子·经说下》说："疑无谓也，臧也今死，而春也得之，又死也可。"一个叫臧的人得了不治之症死了，一个名叫春的感染生病，也可能死，用不着疑神疑鬼，更用不着找来巫婆神汉装神弄鬼。《墨子·小取》说得更清楚："且夭，非夭也。寿且夭，寿夭也。"小孩子生病可能夭折但不等于必定夭折，理应采取积极的措施，治病、改善营养，让羸弱的孩子获得长寿。听天由命，不积极采取措施，任其自流的态度是要不得的。

相信鬼神存在、天有意志，同时又看重人的主观能动性，使墨子宗教思想与众不同，由此看出他是集实用主义与理想主义于一身的人物。

祸福在人不在命

在中国思想史上，墨家和儒家有同样矛盾的思维形式。儒家重视祭祀，在现实生活中，又不承认鬼神，但相信命运的神秘作用。墨子相信天有意志，鬼神有神验，不承认命运的作用，在改造现实世界中，重视发扬人的能动作用，强调"非命""尚力"，认为决定人们不同遭遇的不是"命"，而是"力"。

墨子在《墨子·非乐上》指出："今人固与禽兽、麋鹿、飞鸟、贞虫异者也。今之禽兽、麋鹿、飞鸟、贞虫，因其羽毛，以为衣裘，因其蹄爪，以为裤屦，因其水草，以为饮食。故虽使雄不耕稼树艺，雌亦不纺绩织纴，衣食之财，固已具矣。今人与此异者也：赖其力者生，不赖其力者不生。"这段话的大意是：人与兽、鸟、虫之类的动物不同，这些动物以自已的羽毛为衣服，自己的蹄爪为鞋靴，自然生长的水草为食物，因而雄的不耕田种地，雌的不纺织做衣，而衣食充足。人却不同，只能通过劳动生存，不然就无法生存。墨子看到了人与动物的本质区别是劳动。在墨子的理念中，"力"是劳动人民以自身力量，从事物质生产，改造自然，创造生存条件的实践活动。墨子充分肯定"力"在社会生活与改造自然过程中的作用，明确地提出非命论，反对天命论，主张尚力，人应该通过不懈努力来改变自己的命运。

墨子出身于工肆，对劳动大众的生活有着深刻的体验，一日不劳动一日不得食。要想生存或者最低层次地改善生活和境遇，都必须付出辛劳，不能坐等上天的恩赐，或寄托于偶然的幸运。这体现了下层劳动者的思想、愿望，它是当时小生产者们朴素生活经验的基本总结和反映。在战国时代，小生产者在一定程度上从旧的社会体制的崩溃中逐渐解放出来，他们逐渐意识到自己的休戚荣辱、贫富穷通在某种意义上，掌握在自己的手中，而那种害人的"生死有命，富贵在天"的传统观念受到了一定程度的动摇。墨子的尚力思想代表了小生产者们试图确证自身力量的愿望。

命在先秦是个非常流行的概念，几乎各家各派对命都有论述。儒家创始人孔子尽管重视人事的作用，但劝人知命、安命、顺命，有所谓"生死有命，富贵在天"之说。在当时，社会上又十分流行一种非常朴素、简单的宿命论。这种宿命论认为，人的生死、贫富、贵贱、寿夭乃至社会治乱等等现象都是由命来决定的，人在命面前无能为力，只能听任命的摆布。正是"命富则富，命贫则贫；命众则众，命寡则寡；命治则治，命乱则乱；命寿则寿，命夭则夭"，一切都已在命中注定。

墨子认为这种宿命论是极为有害的，是国家的祸源。《墨子·非命上》说：古时候的王公大人治理国家，都想使国家富裕，人民众多，社会大治；然而求富不得富反而贫困，求众不得众反而人口减少，求治不得治反而国家社会混乱。从根本上与良好的愿望背道而驰，这是因为拨弄口舌妖言惑众者宣扬"有命"的人太多了。墨子认为，信命的人在社会上传播有命的恶言，会造成人们的怠惰而不努力劳动，败坏了社会风气，必须加以明辨，给予坚决的否定。

命这种东西究竟存在不存在呢？墨子从各个方面予以否定。墨子说，从古代圣王之事上看，持宿命论的人所讲的那些话在先王留下的典籍中是找不到的。古代夏桀在位时天下大乱，商汤接管了夏桀的天下就治理得很好；商纣在位时天下大乱，周武王接管了他的天下实现了大治。天下还是那个天下，老百姓还是那些老百姓，在夏桀、商纣的手里就天下混乱，在商汤、周武王的手里就天下大治，可见治乱不是由命决定的，命是不存在的。"天下之治，汤武之力也；天下之乱，桀纣之罪也。"这说明社会治乱完全是由人力决定的，与命并没有关系。

从老百姓耳目见闻日常经验来看，命也是不存在的。自古至今没有人听见命的声音，看见命的形状。墨子用极其朴素的生活见闻的方法，否定了命的存在。

从社会实际效果上来考察，相信命的存在也是极为不利的。墨子指出，那些坚持宿命论的人说，"上天所罚，是命中当罚"，行义也可能会遭罚；"上天所赏，是命中当赏"，作恶也可能会得赏。如果人们都相信这种说法，那么为君的就会不义，为臣的就会不忠，为父的就会不慈，为子的就会不孝，于是整个社会秩序就乱套了。所以宿命论是"凶言"，只能教人学坏而不能劝勉人为善。如果人们听信于"凶言"，那么农夫就会不努力耕种，农妇就不会勤劳纺织，社会财物就会匮乏，饥寒冻馁就要降临，国君以及各级官吏就会贪图享乐，不勤于政事，就会"亡失国家，倾覆社稷"。墨子指出，宿命论"上不利于天，中不利于鬼，下不利于人"，是"天下之大害"，"不可不非"。

为什么会出现命定论？墨子认为这是"暴王所作，穷人所述，非仁者之言也"。三代的暴王夏桀、商纣、周厉王沉溺田猎、酒乐声色享受，荒废政事，残暴地对待百姓，导致身陷刑戮并亡国。他们不说自己昏聩无道，治理国家不善，反而将其归结为命中注定。三代的"穷人"也是这样，他们内不侍奉双亲，外不尽力侍奉君长，贪图饮食，懒于劳动生产，以致衣食财物不足，有饥寒冻馁忧患。他们不说自己懒惰无能，做事不勤快，而说自己命中注定受穷。这些人粉饰"有命说"，教唆愚朴的百姓已经很久了。历史上圣王明臣对此非常忧虑，就把非命的道理写在竹帛上，刻在金石上，传与后人，明辨是非。《仲虺之告》说：我听说夏人伪托天命，在百姓中间传播天命，上帝惩罚其罪恶，消灭了夏桀的军队。夏朝的暴君夏桀主张有命，商汤、仲虺作《仲虺之告》共同批驳他。《太誓》说：商纣很傲慢，不肯敬事上帝，抛弃先人的神位，不祭祀，说"我有命"，不再勤于政事，上帝就抛弃了他。夏桀宣扬有命说，武王就作《太誓》批驳他。召公作《执公》也这样说："去吧，要虔诚！不要相信天命，只有我们两个人能不相互勉励吗？吉利不是从天而降，而是靠我们努力得到的。"夏、商两代诗书也说：命是暴王伪造。墨子从历史上论证了命产生的来龙去脉及其危害，号召天下的士人君子，弄清是非利害的原因，尽快批驳天命说。因为持天命说，是天下的大害。

墨子否定有命论的目的就是要劝导人们不要相信有命，而应当"强力从事"，积极工作，努力参加生产劳动，增加社会物质财富，以实现天下富裕。他认为，只有通过自身的努力，积极进取，而不是依靠上天的恩赐，才能改变自己的命运，实现人的价值，创造良好的生存环境和社会环境，创造美好的生活。墨子指出，那些王公大臣早朝晚退，听狱治政，终日忙碌而不敢怠慢，为什么呢？因为他们知道"强必治，弱必乱，强必宁，弱必危"。卿大夫们之所以用尽其全部力气，竭尽其全部聪明才智，内治官府，外征关市、山林、泽梁之税，以充实国库，而不敢怠慢，是因为他们知道"强必贵，不强必贱；强必荣，不强必辱"。农夫们之所以早出晚归，努力耕种，尽心管理，多收粮食，也是因为他们知道"强必富，不强必贫；强必饱，不强必饥"。妇女们之所以努力纺纱织布，夜不寐，昼不息，也是因为她们知道"强必暖，不强必寒；强必余，不强必缺"。人只有依靠自身的力量和努力，去获得并创造财富，才能保证自身的生存，否则人就无法生存下去。

墨子又用"天意"来规范"非命"与"尚力"。他认为，上至天子诸侯、王公大臣，下至平民百姓、匹夫、匹妇，凡不信天命，强力从事者，就是"兴天下之利，除天下之害"。而兴利除害正是天之本意、天之意愿，因而"非命""尚力"实则又是出自天意。他说，天之意"欲人之有力相营，有道相教，有财相分也"，而且"又欲上之强听治也，下之强从事也"。这是说上天之本意就是要让人们努力经营，互教道义，平分财物，对上之君王要强力为政，实现治理，对下之民众要努力生产。这样，"尚力""非命"又成为合天之意。墨子一方面把天看成是人间宇宙的最高主宰，天决定一切，掌握一切；另一方面又主张非命、尚力，认为人的命运并不是外界之物，而是在自己手中，自己的力量足以改变一切和决定一切。这前后两者显然是互相矛盾的，而墨子化解了这个矛盾。他用天意来规范非命与尚力，把非命、尚力归为天之本意，使两者在"兴天下之利，除天下之害"这个共同点上得到了和谐与统一。这表明，墨子不是用天意来否定人力，而是用自己的意志来塑造天，把自己的愿望改造成天的愿望，使本来已经分明的矛盾消解于自己思想体系的内部，让两个互相矛盾的东西在其思想中并行而不悖。这不能不说是墨子的高明之处。

墨子以积极自强的精神鼓励人们努力通过自己的辛勤劳动改变现状，为此他一生身体力行，强力行义，为实现自己的政治理想而不懈地努力、斗争，可谓典范。墨子认为，人可以通过积极进取和不懈奋斗来改变自己的处境和社会现状。他主张，不管是天子、大夫还是平民百姓，都应各司其职、各尽其责，积极有为，坚决反对命定论。尽管他打着天意的旗号，要求人们去顺天意，但反对命定论，破除人们对命运的迷信，倡导自强不息的精神。这对人、对社会都是有益的。

知 乐 非 乐

《墨子》一书记载有墨子就音乐和儒士辩论的一段故事。

在当时，儒墨两家在解决社会问题的不同观点表现在各个层面上，兴乐和非乐只是其中之一。在这一辩论中，墨子将理论批判的剑锋直指儒家宣扬的礼乐制度。墨子把儒家倡导的乐看成是贫民之贫的祸根。因此，他站在与儒家截然相反的立场上，提出了"非乐"主张，认为兴乐之风愈甚，百姓负担就会愈重。

听说墨子反对音乐，当时有个叫程繁的儒士来到墨子住处，他一见墨子就先发制人地问："夫子曾经说圣王不欣赏音乐，有没有这回事？"墨子毫不犹豫地回答："有这回事。"程繁有备而来，他开始非难墨子："可我听说从前诸侯处理政务累了，在钟鼓的乐声中休养精神；官吏料理政事疲倦了，在竽瑟的乐声中恢复精力；农夫春种夏耘秋收冬藏一年劳累到头，也要吹奏瓦制的乐器，听听音乐，放松一下身体。您反对音乐，好比总让马驾车，而不给它解开缰绳歇息，弓总是张着而不松弛，这恐怕是血肉之躯难以做到的。"墨子耐心解答："你没有明白我的用意。从前尧舜非常节俭，劳心图治，音乐非常简单，可天下太平，不像现在有如此名目繁多的乐。商汤灭夏桀，自虑天下无大患，就因循先王传下来的音乐作了新乐《护》，又修订了《九招》。周武王诛暴君商纣，天下太平了，也承继先王的音乐，作了新乐《象》。此后成王又作新乐《驺虞》，从此乐越来越多。纵观历史，周成王治理天下不如周武王，周武王又不如商汤，商汤不如尧舜。他们一代比一代音乐繁多，治天下又一代不如一代，这样看来音乐礼仪是不能治理天下的。"身旁的弟子们也插话说："当代腐儒们宣称弘扬先王礼乐，治理天下，是本末倒置啊。"程繁急忙辩解："暂且不谈这些。夫子说圣王没有音乐，可您谈到的《护》《九招》《象》不是音乐吗？"墨子很有礼貌地回答："怎么能不谈音乐的效用呢？我说圣王无乐是从音乐的多寡而言的，圣王虽有音乐，但极少，根本不会沉溺其中，妨碍政事，因此就说圣王无乐。就像吃饭对人有益一样，肚子饿了就想吃饭，是人的本能，可有人偏要说这是智慧，这就太愚笨了。音乐也是如此，硬要兴乐治国，岂不太荒诞了？"

程繁辩论不过墨子，只好告辞离去。

暂且不说墨子与儒士辩论的是非曲直，先谈一谈墨子非乐的内容。从《墨子·非乐》一文来看，墨子所指的乐，有广义的乐和狭义的乐；广义的乐是指一切享受作乐，包括衣、食、住、行各个方面；狭义的乐单指音乐，程繁和墨子辩论的乐就是指此类。墨子非乐首先而且主要是否定王公大臣"厚措敛乎万民"而从事的"大钟、鸣鼓、琴瑟、竽笙之声"，同时也是否定儒家倡导的礼乐，并且尧舜之乐、农夫之乐都在他所非之列。墨子非乐是不倡导音乐，并非不知道乐给感官带来的舒适。墨子也说："非以大钟、鸣鼓、琴瑟、竽笙之声，以为不乐也；非以刻镂华文章之色，以为不美也；非以犓豢煎炙之味，以为不甘也；非以高台厚榭邃野之居，以为不安也。虽身知其安也，口知其甘也，目知其美也，耳知其乐也，然上考之不中圣王之事，下度之不中万民之利。"墨子反对音乐，是因为兴乐者没有着眼于万民之利看问题。墨子并不是不知道钟鼓、竽瑟之声悦耳，并不是不知道雕刻、绘画美丽，并不是不知道美味佳肴可口，并不是不知道广厦豪宅安适，而是认为提倡追求这些东西远不符合圣王之道，近不符合万民之利，所以才反对。

墨子评论事物有一个标准和原则："仁之事者，必务求兴天下之利，除天下之害，将以为法乎天下。利人乎，即为；不利人乎，即止。且夫仁者之为天下度也，非为其目之所美，耳之所乐，口之所甘，身体之所安，以此亏夺民衣食之财，仁者弗为也。"这就是说，评价事情的标准是能兴利除害，有利于民众的就做，不利于民众的就要停止。一个仁者不能为了自己能美目、悦耳、甘口、舒身而耗费民众的衣食之财。

墨子所处的时代是一个政局动荡、战争频繁的年代。当时的生产力极为低下，加上延绵不断的战争，农业生产遭到严重的破坏，人口锐减，土地荒芜，人民处于水深火热之中。而统治阶级醉生梦死，大兴舞乐，靡财耗资，厚敛于百姓。对于人民来讲，倡导音乐无疑是雪上加霜，会更进一步把百姓推向饥荒、死亡之深渊。在当时可谓民有三患：饥者不得食，寒者不得衣，劳者不得息。在这样的特定时代，倡乐、兴乐对于百姓来说，无疑是利少弊多。墨子了解劳动人民，同情人民的疾苦，因而他能站在民众立场上，提出"仁者之事，必务求兴天下之利，除天下之害，将以为法乎天下。利人乎即为，不利人乎即止"的是非标准。对当权贵族"繁饰礼乐"和奢侈生活进行抗议。他试图用上行下效的方法，达到说服王公大臣，改善劳动者、小生产者的社会地位和经济地位，使"饥者得食，寒者得衣，劳者得息，乱者得治"的目的。

当时社会上还普遍存在"有大国即攻小国，有大家即伐小家，强劫弱，众暴寡，诈欺愚，贵傲贱，寇乱盗贼并兴"等混乱现象。对于这些事情，音乐并不能解决。春秋战国之际，社会制度发生剧变：周王朝日趋衰落，王权旁落，礼乐制度随之崩溃。孔子抱济世之使命，提出要恢复周礼，他认为"移风易俗，莫善于乐，安上治民，莫善于礼"，要用礼乐来维护西周以来的宗法等级制度。孔子死后不久墨子创立墨学，他们所处年代接近，但墨子所处时代社会矛盾更为尖锐，墨子更清楚地看到：以周礼统治人民的时代已一去不复返，社会变革，新制度代替旧制度，是历史发展的必然趋势，任何人也阻挡不了。因此，墨子在反对儒家"礼乐"的前提下提出了"非乐"思想，反对兴乐，认为音乐既不能使民得衣食之财，解除"饥者不得食，寒者不得衣，劳者不得息"之三患，也不能使天下由乱变治，扭转"今有大国即攻小国，有大家即伐小家，强劫弱，众暴寡，诈欺愚，贵傲贱，寇乱盗贼并兴"的局面。

在《墨子·非乐》篇中，墨子又从制器、奏乐、听乐三方面分析了音乐不仅无助于"兴天下之利，除天下之害"，而且会成为天下之害。当权者以为制造大钟、鸣鼓、琴瑟、竽笙等乐器是为国家服务，实际上，制造乐器不会像拆除一段土墙、捧一捧积水那样容易，必向百姓征收重税，这样就会夺取老百姓的衣食之财，让老百姓本来就饥寒交迫的生活雪上加霜。古代的圣王也曾向老百姓征收重赋，用于制造舟车。舟行水上，车用于陆地，士人、君子可以休息双脚，普通百姓也能休息他的肩膀。这符合老百姓的利益，因而老百姓愿意出钱而没有怨言。制造乐器就不同了，老百姓会怨声载道。演奏音乐，不可用老人和行动迟缓的人，这些人耳不聪、目不明、四肢不强健、声音不和谐、眼神不灵活。而让青壮年男子奏乐必然影响耕种，让年轻女子奏乐必然影响纺织，并且奏乐之人又"食必粱肉，衣必文绣"，这些人专门从事音乐就不再从事生财生利的事情。欣赏音乐也是如此，那些王公大臣独自赏乐必然感到索然无味，一定让人陪同欣赏音乐，与做官的君子听音乐，必然荒废政事，让从事生产的贱人陪同听音乐则耽误他们的生产劳动。而主政者痴迷音乐，就不能正常处理政事，做出正确决策，国家就会陷入危境。一般官吏沉迷音乐，就不能尽心尽力办理政务，征收赋税，充实国库，社会就会混乱。农夫沉醉音乐，就不会早出晚归，耕田种地，这样粮食就会匮乏，饥荒就会发生。农妇沉迷音乐，就不会早起晚睡纺线织布，就会有寒而无衣之忧。兴乐会使国家仓库空虚，粮食储备不足，布匹织物匮乏，致使国家混乱，社稷危亡。墨子从求兴天下之利，除天下之害的角度，反对兴乐，尤其反对音乐治国论，甚至极端地反对一切音乐。

消费有度，节俭为本

节用是墨子拯救乱世的十大政治主张之一。他曾向弟子魏约谈道，凡所到之国，如果这个国家十分贫困，就向他们宣传节俭，戒除奢侈浪费之风。

卫国在今天河北省的南部、河南省的北部一带，它与鲁国相邻，夹在大国齐、晋之间。墨子与卫国执政大夫公良桓子关系很好，卫国是一个小国弱国，墨子非常关心其安危，常常到卫国去。有一次，墨子和公良桓子谈起了卫国的处境，他说："卫国是一个小国，处在齐国晋国之间，就像穷家处在富家之间一样。穷家如果学富家的穿衣、吃饭、多花费，那么穷家一定很快就会败落。现在看看您的家族，装饰华丽的车子有数百辆，吃精饲料的马有数百匹，穿绣花衣服的妇人达数百人。如果把装饰车辆、养马的费用和做华贵服饰的钱财用来养士，一定可以养一千人还有余。如果卫国遇到危难，是让士保卫你安全呢，还是让那些妇人保卫你安全呢？我以为不如养士安全。"墨子直言不讳地批评起卫国的当权者，劝诫他们节用。这样才能够使卫国民富国强，避免凶险。

墨子认为，富国之路只有两条途径：强本和节用。强本就是要注重发展生产，促进经济繁荣，使人民丰衣足食。这是墨子的经济主张，生产第一的观点贯穿于墨子学说的始终。在强本的同时，墨子又提出了节用。节用就是提倡勤俭节约，减少一切不必要的开支。在这两者之间，墨子更加重视后者。他说：圣人治理一个国家，可以使这个国家财富成倍增长；圣人治理天下，可以使天下的财富也成倍增长。因而财富增长的办法不是通过侵略战争掠夺别国，而是去掉不必要的耗费，就可达到富国的目的。所以，墨子把节用看成治国的根本方针。天下不分大国、小国、穷国、富国、强国、弱国都要贯彻节用的治国方针。节用也是达到天下大治的基本方略。

在提倡节约的同时，墨子对统治者的奢侈行为进行了严厉的斥责鞭挞。墨子把国家的贫困归结为统治者。他的节用论，主要是针对当时的王公贵族。墨子对当权者的穷奢极欲控诉说：他们剥削百姓，搜刮民众的财产，建筑豪华的官殿和亭台楼阁，食物多得遍布桌上而不能尽食，造成了极大的浪费，加重了民众的负担，使得民不聊生。老百姓终日要为衣食担忧，不得温饱。这样的国家，要想不乱是不可能的。可当权者都想着要人口众多，国家财力丰厚，为争夺土地、人口进行着无休止的战争，这一切事与愿违，结果是国弱民贫。因此墨子呼吁各国的统治者，放弃奢侈浪费的生活，将钱财用于国家正常开支。针对诸侯国发动战争，从别国攫取财富，墨子感慨地说："诸侯国君浅见啊，增加财富怎能靠向外掠夺呢？单单省去一些不必要的奢侈浪费就可以使国家的财富成倍增加。"

墨子借古讽今，述说古代圣王使用民力、物力、财力的原则，呼吁当代当权者效法。墨子说：古代圣王发布政令，使用民力、物力、财力都是看是否能给国家、百姓带来实际利益。有利于国家、百姓的就去做，增加费用不能给国家百姓带来益处的就不去做。因而动用国家的物力、财力而不被认为是浪费,使用民力,百姓也不感到劳苦。百姓认为这都是为国家百姓兴利的事,因而大家都愿意有力出力、有钱出钱,都不怠慢。因而圣王做事以节俭为本治理国家,一国的财富可以加倍;治理天下,天下的财富可以加倍。这是从大处说。

从小处说,天下的事,无外乎衣食住行,这都要消费,必有其中的法度。墨子认为消费总有个度,超过了这个度就是奢侈。墨子考察了人类衣食住行的历史流变。上古时,百姓穿兽皮、系草绳,夏天不凉爽,冬天不轻暖。圣王就教人们种麻、织布、制作衣服。衣服的标准是让身体舒适,而不是为了炫耀。上古的时候,人民茹毛饮血,身体羸弱。圣王教百姓种植庄稼,生产粮食,制作饮食。饮食的标准,也仅仅是为了充饥益气,强健四肢,使耳聪目明,不追求珍馐异味的甘美。上古的时候,人民不懂得建造房屋,住在地穴里,对身体非常有害。圣王就教人们建造房屋。建造房屋的目的仅仅是为了避湿气,御风寒,遮蔽雨雪,分别男女,不奢求高大雄伟。上古的时候,人民不知道制造舟车,重的东西搬不动,远的地方去不了。于是圣王发明舟车。制造舟车的目的只是为了载重行远,而不是追求华丽,因而给百姓带来的便利很大,花费却很少。古代的圣王们切实把握消费的限度，身体力行，自身非常节俭，因而得到百姓的拥护，天下大治。墨子褒扬古代圣王实属借古讽今，他感慨地说：现在的国君和古代的圣王真有天壤之别啊！现在百姓因饥寒冻馁而死者比比皆是，可在上位者却横征暴敛，夺百姓蔽体糊口之财，穷奢极欲。他们冬衣轻暖，夏衣凉爽，还要动用大量男女裁缝，用黄金做带钩，用珠玉做珮环，制作锦绣华服，劳民伤财，不是为了舒身，而是为了张扬于众。他们考究饮食，每顿饭必须山珍海味，美食多得眼睛不能一一看到，嘴巴不能一一尝到，饮食完全背离了根本的目的，全为了显示其富贵身份。他们不惜倾尽一国人力、物力、财力建造豪华宫室，亭台楼阁曲折有致，雕刻装饰巧夺天工，不是为了居住，而是为了美观享乐。他们制造舟车一定不惜烦琐画五彩、饰雕刻，极尽装饰，富丽堂皇，舟车不再是为了载重致远。结果上行下效，整个社会奢靡成风，百姓变得刁钻油滑难以管理，君主荒淫奢侈难以劝谏，国家岂有不贫不乱的道理？墨子规劝统治者：财物不充足时，就要反省是不是抓住天时努力生产了；粮食匮乏，就要反省食用时是不是节俭了。墨子援引历史说："即使古代的圣王治理天下也不能使五谷永远丰登，水旱永远不至。大禹时，天下有七年水患，商汤时，天下有五年大旱。他们遭受的灾害是何等之大，然而人民没有遭受冻死、饿死之患。这是为什么呢？他们平时注重把握天时，努力生产，增加财富，财用充足时又非常节俭的缘故啊！"

墨子因此认为，兴天下之利，除天下之害，不可不倡导节俭；必须移风易俗改变攀比浮华的社会风气，全社会养成节约的风气，持身、管家、治国都要以节俭为本。

陋俗的弊害

节葬是墨子拯救乱世的十大主张之一，从拯救社会的目的上看属于节用的一部分。墨子认为厚葬久丧是贫民、病民、祸乱社会的因素，他把批判的剑锋直指儒家礼乐制度中的丧葬制度。儒家一向注重孝道，重视丧葬制度，主张视死如生，"生事之以礼，死葬之以礼，祭之以礼"。儒家的丧葬制度体现了亲亲有术、尊贤有等，表现了亲疏尊卑之异。《论语》中有关节俭的论述中孔子也曾提到丧葬，但不放弃久丧之制。林放感到礼之繁多，向孔子询问什么是礼的根本。孔子很高兴，说他问得好，告诉他：礼与其奢侈，不如节俭；料理丧事与其讲究礼数仪式倒不如表现悲哀。孔子虽然主张尽礼以节俭为本，丧事以表现悲哀为主，但仍然坚持三年久丧之制。为此孔子的弟子宰我向孔子表示疑问："三年之丧，期已久矣。君子三年不为礼，礼必坏，三年不为乐，乐必崩，旧谷既没，新谷既升，钻燧改火，期可久矣。"宰我认为三年之丧太久，影响干事业，甚至会导致礼崩乐败。孔子骂他说："宰予不仁，人出生后三年，才能离开父母的怀抱，三年之丧是天下通行的丧制，你也应该用三年的时间回报父母之爱。"孔子借回报父母的养育之恩，来说明三年之丧的合理性。这种说法成为儒家捍卫三年之丧的理由。

在当时儒墨并显的时代，儒墨两家就丧制曾引起论争，其言语之尖刻令人捧腹。《墨子》一书中的人物公孟子，据后人考证原名公明高或公明仪，他是孔子的高足曾子的弟子，曾子以孝道闻名，作为曾子弟子的公孟子为维护表示孝道的"三年之丧"的儒家主张，反对墨子的节葬短丧，曾经专门找墨子辩论。他对墨子说："你认为守三年之丧不对，那么你主张的守三日之丧也不对。"墨子回答说："你用三年之丧来否定三日之丧，就像自己赤裸着身子却嘲笑别人揭开了衣服不礼貌一样。"公孟子不服气，仍然坚持"三年之丧"，不过他说的还是孔子与宰我论争此问题时孔子阐述的理由——"子生三年然后免于父母之怀"之类的言辞。公孟子说："守三年之丧，是学孩子依恋父母。"墨子笑着回答："婴儿的智力程度仅仅达到依恋父母而已。假如父母不在身边，就会号哭不止，这是为什么呢？这是蒙昧无知到极点。

你们儒者的智力不会超不过婴儿吧?"墨子反驳公孟子,有点调侃的味道。实际上,墨子反驳儒家的理由,也主要是借宰我对孔子申说的理由:"三年不为礼,礼必坏;三年不为乐,乐必崩"。《墨子·公孟》篇记述,墨子批驳公孟子说:"你们所说的丧礼,国君、父母、妻、嫡子死了,服丧三年。伯父、叔父、兄弟死了,服丧一年。族人死了服丧五个月。姑姑、姐姐、舅舅、外甥死了也有数月之丧。居丧期间不能诵《诗》三百,用弦乐演奏《诗》三百,吟唱《诗》三百,以舞伴唱《诗》三百。假如实行你们的丧制,那么做官的君子怎么能够有时间处理政事,庶人怎么能够有时间从事生利的生产劳动呢?"墨子认为厚葬久丧妨碍人们做生利的事业,还靡费钱财,因此强烈反对。

墨子出身于当时"贱人"阶层的工匠家庭,后读书成为士人,才有身份及时间参与士阶层乃至执政阶层的礼乐活动,因此才反感儒家推行的礼乐丧葬制度对社会资财的浪费,因此才起而反对。

节葬以及节用、非乐大概是墨学初创时的内容,墨子救世是从纠正侈靡的社会风气开始的。正如《淮南子·要略》所言:"墨子学儒者之业,受孔子之术,以为其礼烦扰而不说,厚葬靡财而贫民,久服伤生而害事,故背周道而用夏政。"是说墨学的肇始以校正儒家繁饰礼乐为契机的。

墨子反儒学流弊而创立节葬节丧以及节用、非乐学说，其目的是革除社会弊端，救民众于苦难。当时的广大民众所承受的社会苦难，除诸侯连年战争所造成的生活动荡乃至性命之虞，还有执政者厚葬久丧、繁饰礼乐给老百姓带来的沉重经济负担。墨子指出：厚葬久丧有三大弊端，浪费社会财富不能使人民富裕，不能增殖人口，不能使国家有国力抵御外侮。他批判了当时的丧葬奢靡之风，以及儒家重视提倡的丧葬制度。办丧事，棺椁要有两重，装饰务必要讲究，随葬品要丰厚，坟墓一定要修得高大。诸侯国君举办丧事不惜用尽国家的钱财，将金银珠宝挂满死者全身，还要制造帐幕、鼎鼓、壶盆、羽旄、戈矛刀剑等，连同车马一同放到墓穴中埋掉。甚至拿活人殉葬，天子死了，殉葬的多则几百人，少则数十人，卿大夫死了殉葬的也多达几十人，少的也要有数人。这非常不人道。送葬如同搬家一般。墨子认为，如此治丧，平民百姓家有丧事得耗尽家财以致倾家荡产。达官贵人虽然排场了，死得荣耀了，可一切花费都要摊派到老百姓头上，从而加重了人民负担，让本来寒不得衣、饥不得食的老百姓更加饥寒交迫。可以说厚葬纯属让死人夺活人的衣食之财。厚葬、久丧，只能让社会更贫困，是天下最奢侈浪费的一种陋俗，不可不予以抨击。各种丧礼名目繁多，让人难以应付，丧期之长，使人一生的大部分时间几乎都用在服丧上。守丧期间的礼节是这样要求的，一切事情都不许去做，必须披麻戴孝，不分昼夜啼哭，哽咽不能成声才算尽哀。为父母守丧期间，住在墓旁临时搭建的小屋里，睡在草垫上，强忍饥寒，弄得面黄肌瘦、耳不聪、目不明、四肢无力。所谓的孝子，必须强抓住东西才能站起来，拄着拐杖才能行走，要不然就是不孝。按此种愚蠢的方式守丧三年，生病而死、冻饿而死的不计其数。男女异处，不能使人口增长。国君、卿大夫不能上朝处理政事，政治必乱。农夫、农妇不能从事耕作纺织，衣食之资必乏，家庭纷争必起，相互怨恨。臣子不忠，老百姓衣食无着，盗贼滋生，祸乱四起。国家贫困，人口锐减，出战不能胜利，入守不能牢固，厚葬久丧不能够阻止大国攻打小国。国家贫困没有足够的祭品祭祀上天鬼神，信奉上天鬼神的人越来越少，最终会导致上天鬼神降下灾祸惩罚他们。

墨子指出：厚葬久丧的危害是可以想见的，不改革厚葬久丧的陋习，国家必贫、必弱、必乱。对于为什么人们不肯放弃厚葬久丧的风俗，墨子认为，这就是所谓的顺从习惯、安于风俗，久而久之不能觉醒。墨子举例说，厚葬久丧的陋习真如偏远地区的风俗一样骇人听闻。越国东面有个剗沫国，祖父死了，他们就把祖母背走扔掉，说不能和鬼的妻子住在一起。楚国南面有个吃人国，父母死了，要将尸体上的肉剐下来扔掉，然后把剩下的骨头埋掉，这样做才算孝子。秦国西边有个仪渠国，父母死了，要堆起柴草把尸体烧掉，看到烟气上升就说死者升天成仙了。实在是太荒诞、太野蛮了。为什么会造成如此的现状呢？墨子说："这都是因为在上位的让百姓这么做，老百姓把它当作一种习俗，以致相传不绝。如果对中国的厚葬久丧细究起来，又何尝不是恶俗，与他们大同小异呢？"墨子认为：衣食之财是供养活人的，尚且要有个节制，埋葬死人，怎能没有节制，与活人争利呢？为此他举出三代圣王的丧制：从前尧去北方教化北狄，死在半路，葬在柩山的北侧，葬衣只有三领，用普通的楮木做棺材，用葛藤捆绑棺材，棺材入土后才哭丧，墓穴填平不起坟，人可以在上面自由行走。舜、禹的丧制也非常俭朴。

墨子理想中的丧制：既不可太厚，又不可太陋。丧葬之法：棺材仅厚三寸，足以放置死者身体就行了。衣服只有三件，足以遮蔽死者身体，维护死者尊严就可以了。下葬的时候，墓穴下深不到泉水，不至于向上散发气味；坟墓高三尺，足以让人识别即可。哭着送去，哭着回来。死者埋葬后，生者应当节哀，不必长久悲泣，应当立即去做事情，尽自己所能，去生财生利。墨子制定的新丧葬法值得推广，可以说尊重了死者，顾及了生者，不损害死生两方面的利益。

非　攻

　　非攻作为墨子拯救乱世、消除战乱的十大主张之一，它和兼爱是一个问题的不同侧面。兼爱是大到国家之间要"兼相爱，交相利"，小到人与人之间也要"兼相爱，交相利"。而非攻从广义上讲不单指战争，凡是违背墨子义利的行为都被认为是攻，它包括政治、经济、军事、道德伦理等多个领域的事情。"国与国之相攻，家与家之相篡，人与人之相贼，君臣不惠忠，父子不慈孝，兄弟不和调"等等丑恶现象，都是攻，都是因为"天下之人皆不相爱"的缘故而起。只有兼爱才能做到非攻，也只有非攻才能保证兼爱。他指出解决问题的方案就是"兼爱"。"兼相爱，交相利"便是改变这种状况的妙方。具体说来，就是要求君主看待别的诸侯国就如同自己的国家，一家之主看待别人的家如同自己的家，每个人看待别人的身体如同自己的身体，这样就能实现墨子所向往的"强不执弱，众不劫寡，富不侮贫，贵不傲贱，诈不欺愚"的理想社会。墨子的全部学说都是为他的"兼爱"思想服务的。从这个意义上来说，非攻是兼爱思想的反证和延伸。

　　儒家虽然也反对强力争斗，《论语·季氏》载孔子言论：

"君子有三戒：少志时，血气未定，戒之在色；及其壮也，血气方刚，戒之在斗；及其老也，血气既衰，戒之在得。"然而墨子非攻的主张仍招致儒家的非难。《墨子》中记载一个故事，孔子的高足子夏的弟子就墨子主张的非攻进行发难。子夏的弟子诘问墨子："先生，如按您说的标准，君子有争斗吗？"墨子毫不迟疑地说："君子没有争斗。"这位儒士接着问道："猪狗尚且有争斗，哪有士人没有争斗的呢？"墨子见这个儒士如此荒唐，就没再回答他。子夏的弟子走了，墨子痛心地说："真痛心啊，这些儒士言必称扬商汤、周文王，行为上却拿猪狗作比喻，真痛心啊。"

在战国诸侯争霸、兼并战争激烈的社会背景下，墨子的非攻重点是反对战争，尤其是反对大国侵略小国的战争。墨子尽管大声疾呼反战，但并不反对所有的战争。他反对侵略战争，不反对防御战争——守。在战国特定的社会环境下，诸侯们发动的兼并战争中，墨子认为，攻是不义之战，守是义战。强大的国家侵略兼并弱小国家的战争是不义之战，弱小国家反对大国侵略的防御之战是义战。从历史上讲，侵略无罪之国是攻，讨伐有罪之君是义战。他把战争分为攻和诛，商汤讨伐夏桀是诛，武王伐纣是诛。

墨子耳闻目睹了春秋战国之际的战争对社会造成的极大破坏。战国时期的战争比之前战争造成的破坏程度大大升级，春秋晚期出现了有远程杀伤力的弩，只是在南方的诸侯国楚、吴、越使用，战国时期包括中原各诸侯国都广泛使用了。参战兵力规模增大，春秋时，一般大国在一场战争中投入兵力多则万人，春秋时期的城濮之战晋国不过投入战车七百辆。战国时，秦楚大国拥有带甲兵卒百万、车千乘、骑万匹，一场战争往往投入兵力几十万，步兵、骑兵代替战车成为战争的主导。春秋时打仗，双方往往摆成整齐的车阵进行交战，战争往往一天就结束了。战国时一场战争往往旷日持久。战争需要动员诸侯国全国的力量，增加赋税、徭役，耽误农时，往往造成人员大量死伤。在《墨子》中，墨子讲得非常清楚：战争对进攻的一方、被攻的一方都是一场灾难。发动一场中等规模的战争须得动用兵士十余万，随军服务的官吏、庶人数千。战争的时间长则数年，短则数月。在此期间，君主没有心思处理国事，官吏没有精力料理官府事务，农夫没有时间耕作，一切都要围绕战争运转。兵器、牛马等军备物资损坏的不计其数。路途遥远，粮食运输不继，居无定所，饮食无定时，士兵和百姓饿死、病死、战死的不计其数。好战的国君指挥大军肆意进攻别的国家，砍伐树木，践踏庄稼，烧毁城郭，掠夺财物，屠杀人民。战争把发动战争的诸侯国的国力都耗尽了，人民深受其害。墨子认为他那个时代的君主大多好战，穷兵黩武，对于发动兼并战争，他们的行径就像小孩子拿一根竹子当马骑，做游戏，不折腾个精疲力竭是不会罢休的。

从这个意义上出发，墨子认为好战者不义不智，战争是野心家的工具，不会给天下百姓带来利益，只会带来灾殃，是最不仁义的事。然而世人对此是非观念不明，言论非常荒诞。

其一是粉饰战争。认为兼并战争能够带来厚利，其理由是南方的楚国、吴国，北方的齐国、晋国，当初地不过数百里，人口不过几十万，因为不断进行兼并战争，地广几千里，人口达几百万。有如此厚利，怎么能反对战争呢？墨子对此做了反驳：古代的诸侯国何止万计，众所周知因相互攻战而灭亡的也不可胜数。即使有四五个国家在攻占中得利，也不能说发动战争就是正道。就像医生用某种药为天下人治病，一万人中只治好了四五人，这种药不算是良药，孝子不会用这种药去让患病的双亲服用，忠臣不会推荐给患病的君主服用。墨子规劝当国者，天下的王公大臣们如果渴望安定，规避亡国的危险，不可不反对战争。

其二是称扬发动兼并战争的侵略者。墨子认为这种认识简直不辨黑白，愚蠢透顶。就像看到有人偷别人家的桃李，知道谴责他损人利己；看到偷了人家的家畜狗、鸡、猪，知道比偷桃李行径更恶劣；如果看到进入别人家的畜栏里偷牛马，也知道其行为恶劣简直不能容忍，是犯罪，必须抓住他送到官府严惩；至于无端杀死一个人，也知道简直罪该万死；可好战的国君指挥大军肆意进攻别的国家，砍伐树木，践踏庄稼，烧毁城郭，掠夺财物，屠杀人民，威吓士兵，驱使他们拼命死战，达到兼并他国的目的，世人不知道指责他，反而有人歌颂其武功。小不义知道谴责，大不义反而赞美。太荒唐了。

战国时期，人民渴望结束兼并战争，要求统一的呼声很高，当时社会局面已经出现要求统一的趋势。作为大思想家墨子无疑会意识到这一点。他自己也说，人民受战乱之苦已经很久了，人民渴望和平就像驿站的送信人盼着自己的马到来一样。怎样达到统一呢？墨子也提出了自己的妙方：一个行义的大国如果能摈弃战争，靠义在天下树立名声，用德来使诸侯归附，天下人归顺就立等可待了。具体来说，在处理诸侯国关系上：用诚信结交诸侯，做有利于他们的事，赢得他们的信赖。如果大国不人道，就和各国商量去干预。大国侵略小国，就联合其他国家去援救。小国的城坏了就帮他们重建；衣食匮乏就去赈济；货币、财物不足就供应他们。对内行惠政，让老百姓感到宽舒，有时间从事生产，这样国家才能财富充足，百姓才会归心。一旦出兵，讨伐不义之国，就会所向披靡，天下无敌。墨子相信这是一条结束兼并战争的道路。王公大臣们如果懂得了武力不能征服人心的道理，努力施仁行义，就会成大名、立大功、得厚利。

墨子深知战争给人民带来的灾难，于是勇敢地站出来大声疾呼，反对大国对小国的侵略战争。《墨子》中有《备城门》等11篇专论守城战事，也可称得上是一部重要的兵书。墨子不仅具有丰富的军事理论，而且也有成功的军事实践。他曾经率领弟子多次成功地制止了大国侵略小国的不义之战，其中最成功的是"止楚攻宋"。

第3章

义 行 天 下

　　墨子的一生都是在阻止战争，宣传自己的政治主张，劝说鼓励人们在行义中度过的。有两个典故，"墨突不黔""墨子无暖席"。先说"墨突不黔"。墨子四处游说一生奔波，到一个地方，连灶上的烟囱都没熏黑，就动身远行。"墨子无暖席"是说墨子忙于游说活动，到一个地方，连席子都没坐暖，就急急忙忙地离去了。这两个典故见于班固的《答宾戏》、道家典籍《淮南子·修务训》。墨子的一生除了讲学，就是奔走四方游说，与八方士人争鸣辩论。他南至越国、楚国，西至郑国，东至齐国，接触过形形色色的人，可以说"上说诸侯，下说列士"，每到一处总是不厌其烦地宣传自己的救世主张。针对别人的挖苦打击，墨子说："不强说人，人莫知之。"意思是，如果不积极游说，人们就不知道好的政治主张。

苦 行 为 义

在墨子看来，宣传自己的主张是行义，制止战争也是行义，凡是利于天下的事都是义，为了行义即使把脚底磨穿，把头顶磨秃，也要去做，因而有"墨子兼爱，摩顶放踵，利天下，为之"之说。墨子有很强的原则性，他说：凡是言论行动有利于上天鬼神和老百姓的就说就做，凡是言论有害于上天鬼神和老百姓的就不说不做，凡是言论行动符合夏、商、周三代圣王尧、舜、禹、汤、文王、武王之道的就去说去做，凡是言论行动符合夏、商、周三代暴君桀、纣、幽王、厉王之暴政的就不说不做。他常告诫弟子：言论足以付诸行动的，要经常讲，言论不足以付诸行动的，就不要讲。如果言论不足以付诸行动而经常讲，就是浪费口舌。墨子提出了"天下莫贵于义"的主张。他打比方说：给你帽子断你手足你干不干，必定不干，因为帽子不如手足重要。给你天下，杀死你，你肯定也不干，为什么呢？天下也不如你的身体重要。可有为了辨明是非而不惜牺牲生命的，这是把义看得比生命更重要啊。

墨子率领弟子遍行天下做为义的事，却不被人理解，反对的人诋毁他，好心的朋友则劝说他不要太傻了。有一次，墨子从鲁国去齐国的路上，经过一个老朋友家。老朋友看到墨子一行风尘仆仆，容颜黝黑消瘦，就不住地劝墨子："现在天下之大，没有几个行义的人，靠你自己之力怎么能够救天下呢？不如停下吧，停下吧。"听了老朋友善意的劝告，墨子回答："现在有一个人，他有十个儿子，这十个儿子中，只有一个耕田种粮，其他人都闲着，那么这个从事耕种的人应该加紧干活，还是放弃不干呢？我看一定是抓紧时间干活。为什么呢？因为从事耕种的人少。现在天下行义的人少，你就应该鼓励我去行义，为什么反倒阻止我呢？"由此可见墨子意志的坚强。

这是朋友善意的劝告，诋毁挖苦墨子的人也不少，从《墨子》的记载看，主要是儒士。这不仅反映当时的社会状况，也反映儒墨思想斗争的形势。

经常跟墨子辩论的儒士巫马子曾当面诋毁墨子。有一次，巫马子对墨子说："你到处推行'兼相爱，交相利'的主张，别人也看不出你有什么功劳，可你还是一味干下去，你是不是有神经病？"针对如此诋毁，墨子从容作答。他打比方说："假使你有两个仆人，一个人看到你就做事，看不到你就什么都不干；另一个无论你在场与否都认认真真地做事。这两个人你赞成哪一个呢?"巫马子回答:"当然赞成那个我在不在都做事的仆人。"墨子笑着说:"那么你就是有神经病了。"墨子毫不客气地回敬了儒士巫马子。

《墨子·公孟》也记载一个故事。儒家的门徒公孟子看到墨子劳心苦形,终日辛苦,就讽刺他说:"你到处游说,这么辛苦有什么用? 看那美女,深藏家中,可人们还是争着娶她。如果美女跑到大街上,到处奔走要求人娶她,人们反而不敢娶她。"这带有挖苦的意味,意即墨学不如儒学。墨子反驳说:"你这个说法不恰当,现在世道混乱,求美女的人多,即使美女不出门,求她的人也会很多。但求仁义就不同了,主动求义的人很少,如果不到处讲说,人们就不会知道。"

墨子在当时就是如此遭受着别人的不理解甚至诋毁,对此他也有牢骚。他说:"现在所谓的君子,对待行义的人还不如半路上背粮食的人,如果背粮食的人在路上休息,想起来又起不来,不只君子见了甚至无论老少见了都知道扶一把,让他站起来。如问人们为什么,人们知道说,按义气理应这么做。可对称扬先王之道的义士,给世人讲说其中的道理,人们纵然不高兴听,也不应该诋毁攻击才对啊。唉,现在所谓的世俗君子看一个行义的人还不如一个背粮食的人啊。"

尽管如此，墨子并没有放弃自己苦行救世的大义。《墨子·鲁问》记载，当时鲁国南部有个叫吴虑的隐士，冬天制作陶器，夏天种庄稼，自比为尧舜，在当地影响很大。弟子们把这人介绍给了墨子。墨子去见他，看他是不是行义的人。吴虑一看到墨子就说："成天空谈义啊义啊，有什么用呢？"墨子反问："您所认可的义，是有力气的就帮人操劳，有钱财的就分给人吗？"吴虑实事求是地回答："是的，我这么做过。"墨子按着他的思维和他交谈："我也曾想亲自耕田织布，分给天下饥寒的人，可天下人连一升粟、一尺布也得不到，照旧饥寒。我也曾想披坚执锐解救诸侯的危难，然而一个战士的力量抵御不了敌人的三军。因此，不如用心研究圣人、先王的学说，游说王公大臣、平民百姓行义。如果他们听从了，国家就会大治，民风就会淳厚。"吴虑仍然不服气："这样的义，还是空谈，没有实际效用。"墨子就正面问他："假如天下的人不懂耕种，教人耕种与独自耕种哪一个功绩大？"吴虑想都没想就回答："当然教人耕种的功绩大。"墨子继续发问："进攻不义之国，擂战鼓激发战士的斗志，使其勇往直前，与不管战士而独自去作战，哪个功劳大？"吴虑回答："当然擂战鼓激发大家勇气的人功劳大。"墨子话锋转到正题："现在天下懂得义的人很少，我宣扬义来教导他们，怎能说是空谈呢？如果他们受到劝勉，都能行义，那么我的义岂不是更加发扬光大了?""先生说得对,一人行义不如劝导大家都来行义。"墨子终于把吴虑说服了。在游说辩论中,墨子擅长运用譬喻等修辞手法,推理严密,有很强的说服力和表达效果,《墨子》一书中,记载有好多墨子与人辩论的生动场面,再现了这位先秦辩论大师的风采。

止 楚 攻 宋

止楚攻宋是墨子人生中非常壮烈的一幕。据孙诒让先生考证,发生此事之时,墨子当时正值壮年时期,大约三十岁。在战国初年,楚国是疆域最大的一个诸侯国,其方位相当于今天的湖南、湖北、安徽一带。楚国国力非常强大,也是当时有名的好战大国。宋国是位于楚国北部的小国。楚国的国君楚惠王当政时,积极扩充军队,准备去攻打宋国。这时鲁国人公输班,为了推销自己的技艺,不远千里从北方的鲁国来到楚国。公输班是那时的能工巧匠,在技术上他和墨子齐名,历史留下了两人比技的传说,但公输班仅仅是一个匠人,他不考虑技术产生的后果。这是他与大思想家墨子的天壤之别。公输班替楚王设计了一种攻城的工具,这种工具非常高,在当时人眼里看起来简直是高得可以碰到云端似的,故名为云梯。楚国制造云梯的消息一传扬出去,列国诸侯都惶恐不安。特别是宋国人，听到楚国要来进攻，就觉得大祸临头了。

墨子听说后，打算制止楚国侵略宋国，他即刻从鲁国日夜兼程赶往楚国。他一路跑得脚底起了泡，出了血，就把自己的衣服撕下一块裹着脚继续向前走，就这样墨子一连奔走了十天十夜，终于到了楚国的都城郢（今湖北江陵）。墨子先去见公输班，试图说服公输班打消帮助楚惠王攻打宋国的念头。公输班见到墨子客气地问："先生前来有何见教呢？"墨子并没有开门见山地说明来意，而是巧妙地说："有个人侮辱我，我想借助您杀了他。"墨子见公输班不高兴又说："我可以送给您十镒黄金。"公输班生气地说："我是信奉义的，绝不能无故杀人。"墨子见状站起来说："我听说您为楚国制成云梯将要攻宋国，可是宋国又没什么罪过。依照您所说的为义不可杀一人，现在却要杀死众多的人，这不是很荒谬吗？"公输班一时语塞，最后回答说："您说得对，可是我已经答应楚惠王了。"墨子就要求公输班带他去见楚惠王，公输班答应了。

一见到楚惠王，墨子开口就问："请问大王，有一个人丢弃自家华贵的彩车、锦绣的衣服、精美的食物不要，却要去偷邻居家的破车、糟糠、粗布短衣，这是什么人呢？"楚王回答说："这个人一定有盗窃之癖。"墨子就势问道："楚国地大物博方圆五千里，宋国不过五百里，就像彩车和破车相比一样。楚国有云梦之泽，长江、汉水、犀牛、麋鹿、鱼鳖、鼋鼍等，珍禽异兽应有尽有，可宋国连山鸡、野兔都很稀少，就像鱼肉和糟糠相比一样。楚国有奇树乔木，可宋国土地贫瘠得连高大一点的树都不长，这好比锦绣之衣和短小的粗布衣。我很疑惑，大王去攻打宋国是不是和有盗窃之癖的人一样呢？"楚惠王听了墨子一通尖锐精辟的指责，并没有放弃侵略宋国的打算，反而非常客气地说："先生说得很好，公输班既然为我造了云梯，我一定要攻宋国。"公输班也认为用云梯攻城很有把握。墨子直截了当地说："你能攻，我能守，你也占不了便宜。"在楚惠王面前，两人开始了比试。墨子解下腰带围成一座城，用小木片作为守城的工具，与公输班斗智斗巧。公输班多次设置巧妙的器械攻城，但都被墨子防御住了。公输班摆摆手对楚惠王说："我攻城的器械用尽了。"墨子自信地说："我还有好多守城的办法。"公输班听了，扭过头来对墨子说："可我知道如何对付你，我不说。"墨子看破了公输班的心思，就当着楚惠王的面点破了。墨子说："公输班无非是想杀死我，让宋国不能防御，可是我的弟子们早就带着我刚才所演示的防御器械在宋国的城头上等着你们了。"面对大智大勇的墨子，楚惠王放弃了侵略宋国的打算，一场战争就这样被墨子制止了。

关于止楚攻宋还有一个小插曲，墨子自楚国返回鲁国，路过宋国，赶上大雨，想到里巷去避雨，这时宋国的戒严令还没有解除，看门的宋人不让墨子进去避雨。弟子不满地说："我们先生为宋人化解了一场祸患，可宋人却拿先生当陌生人。"墨子笑着说："运用神机妙算解决隐患的大智慧者，众人不知他的功劳；隐患成了祸患，才出来解决问题的人，却广为人知。即便如此，我们墨者也要义无反顾地行义啊。"

与公输班再次论战

在楚国的东南，相当于今天的浙北苏南一带，是夏禹后裔建立的越国，后来越国灭亡吴国，把疆域扩展到江苏北部，也成为强大的诸侯国。楚越两国相邻，经常发生战争。楚越两国在长江中水战，上游的楚国人进攻时顺流，退却时逆流，作战不利时撤退非常困难。下游的越国进攻时逆流，退却时顺流，作战不利时很快就能跑得无影无踪。越国凭借有利水势多次打败楚国。就在墨子止楚攻宋后不久，公输班又为楚国制造了适应水战的兵器钩镶，装备到楚国战船上。越国的战船进攻时，楚人就用镶来推拒它，退却时就用钩钩住它。楚国凭借新式武器多次在水战中击败越国。当时的楚人兴高采烈地炫耀说："我们有了新式武器就会无往不克、战无不胜了。"楚国把战争的矛头指向周围的弱国。

　　回到鲁国的公输班也情不自禁地向墨子炫耀说："我制造的钩镶在水战中所向无敌，您宣扬的义也有钩镶一样的效能吗？"墨子早就不满公输班的行为，就反驳说："我的义生出的钩镶比你水战中的钩镶还要好。"公输班不服，说："我倒要听听究竟怎么好。"墨子说："我是用爱做钩来钩对方，用恭敬做镶来推拒对方。不用爱来钩对方，就不亲附；不用恭敬来推拒对方，就容易受到轻慢。受到轻慢，又不亲附，就会迅速分裂离散。相互关爱，恭敬有礼，就如同互惠互利，才能结住人心。现在你用钩钩别人，别人反过来也会用钩钩你；你用镶推拒别人，别人也会用镶推拒你。相互钩，相互推，推揉不休，就是相互加害了。"公输班听了这些有点结舌，正考虑怎样反驳。墨子对公输班说："因此我义的钩镶比你用于战争的钩镶更有胜人的力量。"旁边的墨子弟子也揶揄公输班说："公输班先生，一两件新式武器是不能征服人心的，真正要想长盛不衰还要讲互爱互利。"公输班不服气地走了。墨子借机宣传了自己非攻兼爱的理论主张。在墨子看来，力行仁义能够赢得民心，得到人民倾力相助；多行不义即使能得逞一时，也不能征服人心，迟早会遭到失败的。

决 不 售 义

止楚攻宋后，墨子的声名远扬，临近的诸侯国君都知道墨子是个大贤人。墨子也深受鼓励，积极率门徒宣传自己的救世主张。就在与公输班论战后不久，恰逢楚惠王当政五十周年，墨子南游楚国，向楚惠王献上自己的著作，希望楚惠王能够实行自己的主张。楚惠王读了墨子的书后连连说好书，可没有实行的意思，对墨子客气地说："您的著作都是金玉良言，我尽管不能够得天下，可我乐意供养贤人，您留在楚国吧，平时做我的顾问，我赏你一百钟的俸禄。委屈您了，委屈您了。"墨子见楚惠王没有实行自己政治主张的诚意，觉得在楚国待着没什么意思，决定离开楚国。他向楚惠王说："我墨翟听说，贤人进言，如果言论不被实行，就不接受赏赐，仁义的主张不被听取，就不在他的朝廷里做官，现在我书中的主张不被采用，那就让我回国吧。"这次会面可谓不欢而散。墨子临行前，楚惠王以自己年老推辞再和墨子见面，就委派大臣穆贺前往送别。墨子对穆贺印象很好，就借机向穆贺宣传自己书中的主张。穆贺听了非常高兴，不过他对墨子说："先生的言论太好了，可大王是天下之君，尊贵无比，或许是您的学说大都是工肆之人的言论，不好采用吧。"

墨子回答说："我的学说只要能行之有效就行了，就像一株草药一样，天子吃下去能够和缓身体，治疗疾病。难道就会因为只是一株草药就不用了吗？就像卑微的农夫向大人们交的贡赋，大人用来做成美酒贡品祭祀上天鬼神，难道上天鬼神会因为这是出自贱人之手就不享用了吗？我墨翟虽是贱人，但上比出自农夫的祭品，下比药，我的学说难道不如一株草药吗？况且您的君主也曾听说过商汤王的故事吧？当初，商汤王为请教伊尹，叫姓彭的人给自己驾车，一同前往。姓彭的人在半路上问商汤王：'君王要到哪儿去呢？'商汤王回答道：'我将去见伊尹。'姓彭的人说：'伊尹，只不过是天下的一位普通百姓，如果您一定要见他，只要下令召见他，这对他来说，就算蒙受极大的恩遇了！'可商汤王却说：'这是你所不知的。如果现在有一种药，吃了它，耳朵会更加灵敏，眼睛会更加明亮，那么我一定很高兴把药吃下去。现在伊尹对于我们，就是良医好药。你不想让我见伊尹，就是你不想让我好啊！'商汤王很生气，于是不让姓彭的人驾车了。如果大王能像商汤王这样，以后就能够采纳普通百姓的主张了。"可最后穆贺仍表示不能改变楚王的初衷。墨子就动身返回鲁国。当时有个叫鲁阳文君的封君，非常有权势，比较受楚惠王信任，平时和墨子交往比较深，墨子多次向他宣传自己的主张，鲁阳文君非常佩服他。听说后急忙面见楚惠王，他游说楚惠王说："墨子是北方的贤圣人，您这样怠慢他，会让天下贤士寒心的。"楚惠王听了觉得有道理，就委派鲁阳文君追上墨子，许诺赏给墨子方圆五百里的封地。在战国时期，受封的封君有在封地内征收赋税等特权，这个赏赐可让墨子立时大富大贵起来。这仍然没有使墨子动心，他断然拒绝了厚赏，毅然返回了鲁国。

墨子回到鲁国后，楚国的南邻越国国王听说墨子的贤能，打算结识墨子。墨子派弟子公尚过游说越王，希望越王能够接受自己的主张。公尚过向越王宣讲了墨子的政治主张以及墨家的影响。越王很高兴，就对公尚过承诺说："假如你能够请来你的老师，我打算把原来吴国的方圆五百里分封给你的老师。"其实越王不过想用墨子的贤名来为自己装点门面，并没有打算实行墨子的政治主张。然而表面上越王做出尊贤礼贤的热闹排场，为公尚过准备了五十辆车子非常隆重地去迎接墨子。到鲁国后，公尚过向老师讲述了越王的话。墨子问道："你看越王能真正实行我的主张吗？"公尚过表示不能肯定。墨子叹了一口气说："假如越王能采纳我的言论，实行我的政治主张，我墨翟愿意前往，何必要封地，只要食能够果腹、衣能够蔽体，像其他大臣一样立于朝廷就可以了。如果越王不能够采纳我的言论，用我的主张，只要我接受他的分封，这不就是让我出卖我的道义吗？如果我肯出卖我的道义，何必要到遥远的越国，在中原地区就可出卖了。"墨子严词拒绝了越王的封赐，捍卫了道义。

鲁国政治的批评者

墨子是鲁国人，他的一些活动都是以鲁国为中心进行的，然而鲁国作为周公的封国，是周文化的承载者，非常保守，排斥新思想、新观念。《礼记·檀弓下》就记载有公输班发明机封的故事。公输班生活的那个时代，下葬的棺木是由人抬着，顺着长长的墓道缓缓地倒退着进入墓穴的，十分费力。有一次，鲁国的权臣季康子的母亲死了，恰好公输班发明了下葬用的机封。机封是一种代替人力将棺椁放到坑中去的工程机械。虽然目前人们无法知道它的形状构造，但在辘轳等利用力学原理的工具已经广泛使用的时代，制造出一种简易的起重器械，应当是可能的。于是公输班建议季康子使用机封。可是此举却遭到鲁国贵族的反对，说是不合礼仪，指责公输班是"以人之母尝巧"，意思是说把别人的母亲作为机封的试验品。鲁国思想保守，压制人才，这可能是后来能工巧匠公输班远行楚国献技的原因。墨子活动的时代，鲁国政治上仍有三桓专权。这三家大贵族钩心斗角，争斗不停，他们并不重用贤人，政治上属于贵族政治，而墨子尚贤。因而墨子和鲁国公室关系并不密切，对鲁国批评得多。

在《墨子·耕柱》篇中，墨子提到了三桓。鲁国三家大贵族中的季孙绍与孟伯长共同执掌鲁国政权，可两人相互猜忌，经常发生摩擦。于是两人跑到神庙里去祈祷："神啊，让我们和好吧。"墨子听说这件事后感到非常可笑，就评论说："这两人的行为如同故意把眼睛用布蒙上，然后到神庙里祷告：神啊，让我们的眼睛看见吧。"其鄙夷讽刺之意非常明显。在《墨子·鲁问》一篇中还可看到墨子对鲁君的批评：鲁君的一个宠臣死了，鲁国有个人为讨好鲁君，做了一篇诔文（叙述死者生平事迹的文章）来赞颂这个宠臣，鲁君很高兴，便让这个人做了官。墨子听说后，批评说：诔文是称述死者的文章，现在国君因喜欢这篇文章，就让作文者做了官，所用并非其长，这就好像用马去耕田一样，太不适合了。因善于逢迎就给官做，属于私幸政治，鲁君任人唯亲悖逆墨子尚贤主张，为墨子深恶痛绝，因而遭到墨子的批评。《墨子·鲁问》中还记述了墨子批评鲁国祭祀官的事。有一次，鲁祝用一头小猪祭神，祈求神灵降福给鲁国。墨子听说后发表评论说："这样子不好。如果现在你给了人家很少的东西，目的是让人家给你更多的东西，恐怕人家就怕你再给东西了。鲁祝用小猪去祭祀，要求神降百福，这样下去鬼神就会怕人用牛羊去祭祀。古代的圣王祭祀鬼神，祭祀就是祭祀，并无他求。献祭一头小猪，求取百福，在鬼神看来与其享用富人的祭祀，满足他们贪得无厌的要求，还不如穷人没有能力祭祀好。"墨子虽认为鬼神能赏善惩恶，但他鼓励人们努力做事兴利，不可做幻想依靠鬼神赐福的人，作为鲁国公室的祭祀理应向古代圣王看齐。从墨子的批评意见来看，其中都贯穿着墨子的政治主张。鉴于墨子在列国中的巨大声誉，鲁国公室又不得不对墨子另眼看待，鲁国国君甚至连一些国事也征求墨子的意见。《墨子·鲁问》记述，有一次，鲁君请来墨子，征询他的意见说："我有两个儿子，一个勤奋好学，一个乐善好施，我立哪个儿子做储君好呢？"墨子回答说："光从表面上是不能断定立谁做储君的，他们这样做，或许为了得到赏赐和获取好名声。钓鱼的端坐在水边，样子很恭敬，并不是为了给鱼赏赐，用虫饵喂老鼠，不见得是喜欢老鼠。依我看，您还是把他们的动机结果结合起来看吧。"鲁君越来越感受到墨子的作用。

鲁国当时是小国、弱国，北部与齐国相邻。齐国是个好战的大国、强国，战国七雄之一。在《墨子·非攻下》中，墨子曾说："今天下好战大国齐晋楚越。"还说天下诸侯奋力征战，南方有越王、楚王，北方有齐君、晋君，他们有意训练军队，致力于兼并战争。历史上鲁国多次受到齐国的侵略。在墨子看来鲁国是小国、弱国，齐国是大国、强国，在齐鲁冲突中，鲁国是防御性的，齐国是进攻性，主张非攻的墨子无疑站在了鲁国的立场上，反对齐国的侵略。

在强齐的威慑下，鲁君经常惶恐不安。有一次，他察觉齐国将要侵略鲁国，急忙请来墨子说："先生，恐怕齐国要进攻鲁国，您有什么办法吗？"墨子首先引用历史上正反两方面的例子坚定鲁君的信心，他回答说："从前三代的圣王，大禹、商汤、周文王、周武王不过是地方百里的诸侯，他们树诚信、行仁义，结果得到天下。三代的暴王夏桀、商纣、周幽王、周厉王他们对百姓实行暴政，招致民怨沸腾，结果失去了天下。"接着墨子忠告鲁君说："我希望君上能尊崇天、敬奉鬼神，下能爱护百姓，同时准备丰厚的礼物，用谦卑的态度结交诸侯，取得他们的支持，对内动员鲁国全民之力抵御齐国侵略，那么灾祸是可以免除的。除此之外，没有别的办法。"墨子的建议暂时延缓了齐国对鲁国的侵略，使鲁国得到喘息的机会。

止齐攻鲁

不久，齐国厉兵秣马大举进攻鲁国，战争的最后结果是鲁国失利。墨子为了阻止齐国进一步进攻鲁国，特派弟子胜绰做了齐将项子牛的侍从，可胜绰辜负了老师，接受了项子牛的厚禄，帮助齐国多次进攻鲁国。墨子很失望，很气愤，按墨者之法，特派弟子高孙子请求项子牛辞退胜绰。高孙子按照墨子的意见严厉谴责了胜绰。高孙子向项子牛转告墨子的话说："老师派胜绰来，是为了制止骄横，匡正邪僻。现在胜绰得了您的厚禄，却欺骗您，您三次入侵鲁国，胜绰三次跟从，这是在战马的当胸鼓鞭。我老师说：'口称仁义却不实行，这是明知故犯。'胜绰不是不知道，他是把俸禄看得比仁义还重罢了。"

其后齐国进一步侵略鲁国，墨子决定亲自游说项子牛，制止战争。鉴于墨子巨大的威望，齐将项子牛非常客气地接待了墨子。墨子开门见山地说："攻打鲁国是个错误。"项子牛很诧异，墨子进一步苦口婆心地劝说项子牛，他举历史事例说："从前吴王夫差向东攻打越国，将越王勾践困在会稽山；向西攻打楚国，逼迫楚昭王逃到随；向北攻打齐国，俘虏齐将国书，将其押回吴国。战绩如此显赫，可后来诸侯联合起来复仇，吴国百姓苦于疲惫，不肯听从命令，最后吴王夫差身死国亡。从前智伯攻伐范氏与中行氏的封地，兼并了晋之地。诸侯大家联合起来报仇，百姓苦于应付而不肯效力，最后智伯也成为刑戮之人。这都是由于好战的缘故。因此大国攻打小国，小国会受到伤害，灾祸必定反及于本国。"墨子的言论后来在齐国成了现实，不出二十年，到齐威王时，诸侯联合起来，相继伐齐，齐国疲于应付。历史记载自威王即位以来，"九年之间，诸侯并伐，国人不治"。齐威王三年，韩、赵、魏三国联合伐齐。齐威王六年，鲁国以区区小国也进攻齐国，复历史之仇，攻入齐国的阳关，阳关在今山东省泰安南、汶水东，春秋时属于鲁国，后被齐国占领。此后在齐威王七年、九年，卫国、赵国也相继攻占齐国领地。齐国遭到了好战的报应。尽管如此，墨子仍旧阻挡不住齐国侵略鲁国。连绵的战火灼烤着墨子的心，他不顾年老体衰，亲自去见齐太王田和。齐国本是西周功臣姜子牙的封国，田氏原是陈国公子陈完的后裔，到齐国后一直做客卿，后来势力越来越大，到田和时，已掌控了齐国的军政事务。田和本人曾担任姜姓齐宣公和齐康公两朝的宰相。公元前386年，周天子正式承认田和为诸侯，称齐太王，姜氏齐国被田氏齐国所代替，这就是历史上著名的"田氏代齐"事件。

墨子一见到踌躇满志的齐太王便问："有一把大刀，试着用它来砍人头，嗖的一声就砍断了，这把大刀可以说是锋利吧?"齐太王说："锋利。"墨子又说："这不算什么，这刀连砍数人之头，其锋刃不减分毫，大王您说这刀算不算锋利?"齐太王回答说："当然算锋利。"墨子说："没错。刀确实锋利，但谁将遭受不幸呢？"齐太王说："当然是被砍头的人遭受不幸。"墨子说："兼并他国领土，覆灭其军队，残杀其百姓，谁将会遭受不幸呢？"这次轮到齐太王不自在了，他彻底明白了墨子的用意，他的头低下又抬起，沉默了半天才答道："是我这个做国君的将遭受不幸。"

尽管墨子的努力并没有说服好战的诸侯们放下战争的屠刀，但墨子身体力行地为实现非攻兼爱的政治主张所作的努力，也表现了他保护鲁国不受侵略的强烈故国感情和正义感。

与儒士争锋

墨子是鲁国人，他的一些活动都是以鲁国为中心进行的。鲁国在当时是儒家学派的大本营。墨子出于儒而反儒，在儒墨同为天下显学的情势下，两种思想流派的争锋相当激烈，这不仅表现在治理社会的主张上，还表现在两种思想流派的文化气质上。相对于墨家，儒家保守、注重形式，孔子讲："文质彬彬，然后君子。"其实，在质与文的关系上，儒家更注重文，即文饰的作用，而墨子呢，却注重质，因而后世大儒荀子批评墨子"弊于用而不知文"。墨子崇尚夏文化，儒家崇尚周文化，连儒家的鼻祖孔子都说："周监于二代，郁郁乎文哉！吾从周。"因而墨子与鲁国儒士争锋比较多，这在《墨子》一书中有所记述。

《墨子·公孟》一篇中，墨子与公孟子的辩论就体现了儒墨精神文化气质的区别。公孟子也称公明子，是孔子的七十二高徒之一，在墨子时代，作为鲁国有影响的儒士，经常与墨子辩论。孔子曾谦称自己"述而不作"，意思是只传授古代圣王的经典，自己不曾著书立说。其实孔子删定整理《诗》《书》《礼》《乐》，解释《周易》，编纂《春秋》，本身就是古代文化的集大成者，也可以是一种大创作，后世的儒士抱缺守残，僵化地拘泥于文字，以为君子必须"述而不作"，非常保守。有一次公孟子对墨子说："君子不创新，只是将古代圣王的道理加以阐述罢了。"墨子说："不可以。最不具备君子素养的人对前人好的东西不继承，对今天善的东西不加以总结创新。其次没有君子品行的人，对古代善的不阐述，自己发现今天有善的就创作，他想让善的东西出于自己。你所说的只阐述古代圣王之道不创新道，与只想创造新道而不喜欢阐述古代圣王之道的人，是没有什么区别的。我认为不但要对古代圣王之道进行阐述，而且对今天善的东西又要进行总结宣扬，这样善就会被发扬光大了。"很显然，公孟子想靠一点儒家学说的皮毛，来攻击墨子是不够的。

鉴于墨子及其弟子多出于工匠，饮食服饰非常简单，公孟子想借此驳倒墨子。有一次公孟子戴着高高的礼帽，腰间插着木笏，穿着儒服大模大样地来见墨子。公孟子问："君子是先注重服饰，然后才注重行事呢，还是先注重行事，再注重服饰呢？"墨子回答："有作为并不在于服饰。君子注重做事，不讲究服饰。"公孟子问："为什么这么说呢？"墨子回答说："从前齐桓公喜欢戴高帽子，系宽宽的腰带，佩着金剑、木盾；晋文公则喜欢穿粗布衣服，披母羊皮做的裘，用皮条挂剑；楚庄王喜欢戴鲜艳的帽子，系丝织的帽带，穿红色的上衣、宽大的袍子；越王勾践剪断头发，用针在身上刺了花纹。这四位国君服饰各异，但他们都把国家治理得很好，因而君子有无作为与服饰无关。"公孟子只好回答："说得好。我听人说，知道一桩善行，如果不当天实行，就不吉利。我马上将木笏拔掉，摘下帽子，再来拜见先生。"墨子制止说："无须这样，如果改换服饰再来见我，岂不是把服饰看得比做事重要了吗？"公孟子见驳不倒墨子，尴尬地说："先生，我……"

公孟子仍不服气，他又来见墨子，开口便说："君子一定穿古服、说古言才能做到仁。"墨子直接举例反对说："不对！商纣王和费仲是天下残暴的人，箕子、微子却称得上天下的圣人，他们说同一语言，不仁与仁截然不同。周公是天下的圣人，他的弟弟管叔是天下残暴的人，他们穿同样的服

100

装，仁与不仁人人都能分辨出来。因此，仁与不仁不在于是否着古服、说古语。况且你所仿效的只是周代的古制，还不是更早的夏代的古制，你说的古并非真正的古啊。"这里墨子对儒家过分注重文饰作用的形式主义进行了批评。顺便说一句，《墨子·非儒》中还批评了一种腐儒所谓的君子之仁。一些腐儒认为：君子作战胜利的时候，不追击逃跑的敌人，不逮捕掉进陷阱的敌人，看到没有防御力的人不向他射箭，并帮他推车让其赶快逃跑，这样做的人称得上仁人君子。墨子认为：这样做，太荒谬了！如果双方都是仁人，没有道理的就会悦服有理的，无知的就会听从明白事理的，就不会列阵厮杀，相与为敌了。如果双方都是残暴的人，胜利者这样做也称不上仁人君子。如果失败者是暴虐的人，胜利者这样做，只会姑息养奸，让他们卷土重来，祸害社会，更谈不上君子了。在《墨子·贵义》一篇中，墨子还批评了当时社会中所谓的君子空谈仁义的行为。他批评说：当今天下的君子谈论仁义，即使夏禹、商汤等圣王也不过如此。如果将合乎仁义的事与不仁义的事混杂在一起，让这些君子去辨别，就无法分辨仁义与不仁义了。因此墨子宣称，这些所谓的天下君子其实不知道仁是什么，这不单单是一个名称，而是去做实际辨别。不止这些，墨子与儒家观点的对立表现在各个方面。

《礼记·学记》记载有一段儒家关于问答的话："善待问者如撞钟，扣之小者则小鸣，扣之大者则大鸣"，"待其从容然后尽其声。不善答问者反此"。儒家弟子信奉其为圭臬，答问非常谨慎保守。儒士公孟子就持这种态度，他对墨子说："君子拱手而立，问就答，不问就不答，就像一口钟一样，敲击它就响，不敲就不响。"墨子说："你仅知其一，不知其二。假如暴虐的人执掌国政，君子去劝谏，就会被说成不恭顺；依靠近臣献上自己的意见，就会被认为私下议论是非，因而君子非常疑惑，不敢率先发言，只好保持缄默。如果国君应付国难，而其举措事关大局，形势非常紧张，就像弩机将发一样迫在眉睫，作为君子如果比作钟，不扣也要鸣响。如果国君违背仁义，即将发动侵略战争，进攻者与被攻者都即将遭受大祸患，作为君子就要主动前去劝谏。况且你说：'君子自己抱着两手等待，问他就答，不问他就不答。好像钟一样，敲它就响，不敲就不响。'现在没有人敲击你，你却说话了，这是你说的'不扣而鸣'吧？照你所说的就是'非君子所为'吧？"在论辩中，墨子利用公孟子言语与行为的矛盾，非常幽默地讽刺了他，直接抨击了儒者的言行，主张：君子为了天下之利应不避祸危，必以谏。

墨学本出于儒学，虽与其观点对立，但有些思想是对儒学的超越，墨子对孔子也不是一味地反对。在《墨子·公孟》中，墨子与儒士程子辩论，就肯定了孔子。程子问墨子："您一向攻击儒家的学说，为什么又称赞孔子呢？"墨子答道："孔子也有合理而不可改变的地方。现在鸟有热旱之患就向高处飞，鱼有热旱之患则向水下游，遇到这种情况，即使禹、汤为它们谋划，也一定不能改变。鸟、鱼可说是够无知的了，禹、汤有时还要因循习俗。难道我还不能有称赞孔子的地方吗？"孔子崇尚周礼，但从形式上对周礼有所损益，在思想观念上迈出了从"官学"桎梏解放出来的第一步。墨子学儒背周道，从根本内容上，用夏禹之道否定周礼。然而，墨子生于子学兴起的时期，对孔子所起的思想解放作用应是有亲身体会的。墨子批判周礼主要是采取了以非儒来非周的方式，从而完成了对周文化的理论批判任务。墨子虽然非儒，但肯定了孔子开创私学批判改造周文化僵死形式方面的历史功绩。因而，墨子公开承认了孔子不可易的历史地位，认为他和孔子对待周文化的态度犹如鸟鱼对于热旱之忧的不同态度，是因为他们的思想、观点不同。

出 仕 宋 国

止楚攻宋是墨子军事斗争中的大事，有三百名弟子为宋守城，这是墨子历次军事斗争仅有的一次，这说明墨子和宋关系密切，很多历史学家、学者说墨子是宋人。包括司马迁、班固，近代的历史学家诸如顾颉刚、童书业认为，墨子祖上为宋国公族。宋国原是商人遗民的封国，周武王灭商后，将商朝旧都周围的地区封给商贵族微子。其十七代孙宋桓公之子，因封在目夷，号墨夷氏，其后人省为墨姓。墨子祖上辗转居住在鲁国，这是可信的。宋人的风俗习惯、思维方式通过其家传，影响到墨子的思想，也是非常可能的。宋文化厚重，以出君子著称。但一些学者认为"宋人以愚著称"，因战国时的一些寓言多以宋人为对象，诸如守株待兔、拔苗助长等。墨子损己救世，以自苦为极，庄子说他："其生也勤，死也薄，其道大觳。使人忧，使人悲，其行难为。"这在常人看来是愚到极点，墨子的苦行为义救天下的人格有宋人遗风。宋国在春秋时就是一个小国，连年的战争使其困苦不堪，宋人渴望和平的愿望非常强烈。春秋时仅有的两次弭兵大会，都是由宋国人华元、向戌发起召开的。宋人的和平非攻思想对墨子兼爱非攻思想有着渊源上的影响。宋人是商人的后裔，殷人非常迷信，尊神敬鬼，墨子"天志""明鬼"思想很可能就出于宋俗。大概正因为此，大约五十岁时，墨子出仕宋国，在宋昭公的朝廷里做了一名大夫。大夫在上古官职中其爵位于卿之下、士之上，属于中等官爵，这是墨子平生的唯一官职。当时宋国是个弱国、小国，夹在几个大国之间，常有被兼并的危险。其国内政治混乱，守旧势力占上风。墨子虽有治国主张，但也无所作为，他任职期间代表宋国出使卫国，与卫国大夫公孙良子有过会晤。在宋国混乱之际，宋昭公任命戴驩为太宰，太宰是总领百官的行政高官，相当于宰相，但又宠信担任司城的子罕，两人争权夺利，矛盾日益尖锐。后来，子罕谋杀了宋昭公，自己做了太宰，独揽宋国朝政。在这一事件中，墨子受牵连，被子罕囚禁监狱。《史记·鲁仲连邹阳传》记载："宋信子罕之计而囚墨翟。"后来墨子被释放，此后墨子再无出仕之心。

客居鲁阳

在当权者之中，鲁阳文君是对墨子比较友好的一位封君。墨子晚年来到楚国鲁阳。鲁阳文君是楚惠王时期的封君，他的封邑在鲁阳，即今天的河南鲁山县。他和楚惠王都是楚平王的孙子，在楚国，鲁阳文君地位非常显赫，对楚惠王有很大的影响力。他曾向楚惠王进言，称墨子为北方贤圣，力劝楚惠王礼遇墨子。墨子经常到鲁阳游说鲁阳文君，宣传兼爱非攻主张。

鲁阳文君的封邑鲁阳与宋、郑两国相邻，当时宋、郑之间有许多未被开垦的空地，鲁阳文君打算据为己有，扩大自己的实力。这自然又会引起争端，制造战争。墨子听说后，急忙去见鲁阳文君。鲁阳文君看到老朋友到来，连忙客气地和墨子见礼。尽管彼此交往很深，墨子并没有直截了当地说明来意。他给鲁阳文君打了一个比方："现在有一个人家里有吃不完的牛、羊、猪、狗肉，可是看到邻家做了面饼，就偷来吃，认为这样做就等于节省了自己家的食物。您说这个人这样做，是穷得没饭吃呢，还是有偷窃病呢？"鲁阳文君不假思索地回答："这个人一定有偷窃病。"墨子见鲁阳文君按自己的思路回答问题，就接着说："楚国有四境之内的田地，空旷荒芜，开垦不完，掌管川泽山林的官吏就有千人以上，数都数不过来，可是看到宋、郑之间有一片空地就千方百计去占有，这跟偷面饼又有什么不同呢？"墨子说得很直接，鲁阳文君还真有雅量，自嘲说："没什么不同，实在也是有偷窃病。"墨子见鲁阳文君打消了去占领宋、郑之间空地的想法，就向他宣传非攻主张。他说："当今大国侵略小国，就好比儿童骑竹竿装扮为马的游戏，劳累的只是自己的双足，最终会一无所获，没有价值。就说被攻的一方吧，农夫不能照常种地，农妇不能照常织布，一切都要为防守侵略让路。进攻的一方也不会得利，农夫不能照常种地，农妇不能照常织布，一切都要纳入战争轨道。"鲁阳文君连连称是。可是过了一段时间，鲁阳文君又厉兵秣马，准备讨伐郑国。

墨子听说后，急忙拜见鲁阳文君，试图阻止他侵略郑国。

像平常谈天一样墨子没有直接进入正题，他对鲁阳文君说："现在让鲁阳四境之内的大都邑攻打小都邑，大家族攻打小家族，杀害百姓，掠夺牲畜、粮食、布匹等财物，社会非常混乱，那你怎么办？"鲁阳文君说："鲁阳四境之内都是我的臣民。如果大都邑攻打小都邑，大家族攻打小家族，掠夺财货，那么我将重重惩罚主动挑起纷争的人。"墨子说："上天兼有天下，也就像您拥有鲁阳四境之地一样。现在您出兵将要攻打郑国，难道上天的惩罚就不会降临吗？"这一次鲁阳文君打出了替天行道的旗号，面对墨子的质问，他说："先生为什么非得阻止我讨伐郑国呢？我讨伐郑国，可是顺应了天意的。郑国人数代残杀他们的君主，上天降给他们惩罚，让他们遭灾三年，庄稼颗粒不收。我要替上天讨伐郑国。"墨子说："郑国人数代残害他们的君主，上天已经惩罚了他们，郑国三年闹灾，庄稼几乎颗粒不收，上天的惩罚已经足够了！现在您又要举兵攻打郑国，说什么：'我讨伐郑国，是顺应天意。'这好比你这里有一个人，他的儿子凶暴强横，不成器，做父亲的鞭打儿子。邻居家的男子，也举起木棒击打他，说：'我打他，是顺应了他父亲的意志。'这样做，难道还不荒谬吗？""是荒谬！"鲁阳文君似有所悟。墨子见有转机，就再次给他讲起了非攻的道理。

墨子对鲁阳文君说："进攻邻国，杀害其百姓，掠取其财物，然后把这些所谓的功绩写在书帛上，镂刻在金石上，铭记在钟鼎上，传与后世，夸耀说：'没有人比我战果多！'现在一般平民也竞相效仿，进攻他的邻家，杀害邻家的人，掠取邻家的财货，也写在书帛上，铭记在几席和祭器上，传给后世子孙，说：'没有人比我了不起！'难道可以吗？"鲁阳文君说："用您的标准来看，那么天下人所认为正确的事，也不一定正确了。""世上有很多是非颠倒的情况。"墨子对鲁阳文君说，"世俗的君子只知道小处，不明白大处。一个人，假如偷了人家的一只狗一头猪，就被称作不仁；但窃取了一个国家一个都城，就被称作义。这就如同看到一点白说是白，看到一大片白反而说是黑一样荒谬。世俗的君子就是这样不明白事理。"两人谈得还算投机，就乘兴聊起了吃人国的事。鲁阳文君告诉墨子，楚国的南面有一个吃人国，叫"桥"，在这个国家里，长子出生了，就被杀死吃掉，叫作"宜弟"，意思是容易招来弟弟。如果觉得味道美就献给国君，如果国君吃了很喜欢，就奖赏孩子的父亲。"这难道不是恶俗吗？"鲁阳文君很气愤地评价说。墨子就势说："其实中原诸国的风俗也如此啊！父亲因侵略他国而死，国君就奖赏他的儿子，这与吃人家的孩子却赏赐孩子的父亲，有什么区别呢？假如自己不行仁义，凭什么取笑野蛮人吃自己的儿

108

子呢?"鲁阳文君很清楚,墨子在数说发动侵略战争的国君荒谬无道。

从《墨子》一书的记载来看,在战国时代的当权者之中,鲁阳文君是对墨子比较友好的一位封君,两人交往很多,可以说谈话的内容也很丰富,有一次两人谈起了什么是忠臣。鲁阳文君对墨子说:"有人给我说过忠臣的样子。"墨子很感兴趣,说:"请您说给我听听。"鲁阳文君说:"所谓忠臣就是:让他抬头,他就抬头;让他低头,他就低头;停下来,就静悄悄地;招呼他,他就应答。这是忠臣吗?"墨子回答:"这哪里是忠臣啊?让其俯则俯,让其仰则仰,这就像影子一样;静处在那里,悄无声息,叫他才答应,这就像回声一样。您说您能从影子、回声那里得益吗?"鲁阳文君回答:"不能。可是依照先生的标准,怎么才算作忠臣呢?"墨子说:"我墨翟认为忠臣是这样的:君上有过错,就找机会去劝谏;自己有好的建议,就献给君上去谋划,却不去随意告诉无关的人;匡正君上的错误,让君上的行为符合君道;与君上同心同德,从不结党营私;把美名、善名归到君上头上,自己承担怨恨咎责;让君上安乐无忧,把忧患留给自己。这就是墨翟所说的忠臣啊!"鲁阳文君高兴地说:"先生说得好,我知道了。"在墨子看来忠臣就是贤臣,忠臣之论可看作墨子尚贤主张的自然延伸。可世上的君主不喜欢这样的忠臣，忠臣往往被罢黜，甚至遭到杀戮。墨子奉劝君主亲近忠臣，远离佞臣，其切切之心跃然纸上。在《墨子·亲士》中，墨子曾流露出忠臣易得、明君难遇之意。墨子带有伤感地指责说：君上暗昧啊。如果要求臣子都像影子、回声一样，朝中的臣子就会看重自己的官位而沉默不语；远方的臣子就会不停地叹息；下面的百姓就会心生怨恨；惯于谄媚的奸佞小人就会蝇聚在君上身边。正当的言路被阻断了，君上听不到好的建议，国家就危险了。历史上，夏桀、商纣就是这样遭到杀身之祸断送天下的。墨子认为：君上身旁一定要有敢于纠正自己过失的臣下；朝廷上一定要有敢于争辩是非的大臣。议论国事的声音不停止，有意见分歧的臣子争辩不休，才能使君上时刻保持清醒，国家才会长治久安。

据说墨子晚年客居鲁阳，并终老于此。古鲁阳，今天的鲁山一带仍存有很多有关墨子的传说，甚至有一批研究墨子的人员从各方面论证墨子就是鲁阳人。

第 4 章

游说辩论的大师

    墨子以天下为怀，游说四方，一生都是在宣扬其政治主张、制止战争中度过的。在此期间，他不仅要以高超的语言艺术说服王公贵族们采纳自己的政治主张，还要和包括儒士在内的形形色色的人物进行论战，而墨家内部也有各种各样的争论。因而墨子非常重视辩说的艺术，他认为如果不强说，人们就会不知道墨家救世的道理。他要求弟子们"辩于言谈，博乎道术"，并把它提升到个人修养的高度，《墨子·修身》中就说"辨是非不察者，不足以游"，意思是，不能辨明是非的人，不能与他交游。在墨家组织中培养了三种人才，其中就有一类人才是专门从事辩论的。在社会实践中，墨子创立了具有中国特色的古代逻辑体系——墨辩逻辑，它和古希腊亚里士多德逻辑、古印度因明逻辑，在世界学术史上，被誉为世界古代逻辑学的三颗明珠。

墨子的辩说逻辑有着与众不同的特色。从《墨子》一书来看，墨子的文章观点鲜明，朴实无华，逻辑严谨。在社会实践的游说辩论中，他思想犀利，言谈的思辨性强。史书说他"禀性多辩"，"能致高谈危险之辞"，连后世善辩的思想家庄子、孟子也自觉不及。尤其是孟子，呼吁徒众们起来"钳杨墨之口"，其中的"杨"指的是"拔一毛利天下而不为"的杨朱，"墨"就是"摩顶放踵利天下为之"的大思想家墨子。墨子是中国历史上公认的辩论大师，他是在生产、生活和社会政治实践中成为逻辑大师的。为了使自己的论证、说理更加严密，有理有据，有说服力，他注重论说方法、论说规则的研究，讲究论证、推理的严谨，然而残酷紧迫的现实斗争致使墨子不能像一个学者躲在书斋里潜心研究思维的形式、论证规则、推理方法，构造系统形式化的逻辑体系。墨子的逻辑思维形式都和具体的生产、生活、政治实践紧密联系，并为生产、生活、政治实践服务，在辩论中强调获得客观真理的正确认识。这是它在形式上与世界上其他逻辑系统的不同之处。不仅如此，在春秋战国百家争鸣、诸子横议、辩论大师层出不穷的时代，墨子辩说也有着非常突出的特点。他反对认为客观世界的真理不可辩知的"辩不胜论"，也反对脱离真实的客观实际，以偷换概念、转移话题、玩弄言辞达到拙人之口的诡辩论，反对词胜。以墨子为代表的墨家坚持了辩有胜论，主张理胜，坚持辩论的目的在于弄清是非，辨明真理。

墨子的逻辑思想的精华，主要保留在墨子及其弟子、再传弟子创作的《小取》《大取》《经上》《经下》《经说上》《经说下》中，这六篇就是后世所称道的《墨辩》。

什么是辩论

在春秋战国百家争鸣、士人横议的局面下，促使辩论术发达起来，在辩论中，辩论的形式和辩论的实际内容以及辩论的目的产生了脱节。这促使墨子及墨者对什么是辩论进行理论思考。什么才构成辩论呢？墨子认为辩论的命题应是典型的矛盾命题。如双方辩论同一个对象，甲说是狗，乙说是犬，狗犬实际是一回事，两者可能都对，也可能都错，自然无胜负。墨子认为这种命题没有辩论的意义。如果双方辩论的是不同对象，甲说的是牛，乙说的是马，两者可能都错，也存在没有胜负的结果，这是非典型的辩论命题，也是墨子所摒弃的。墨子认为，这两种情况都属于无胜之辩，不合乎辩论的规则。此外，如果甲说野牛是牛，乙说貐不是牛，甲乙说的是两个不相关的命题，自然也构不成辩论。什么是矛盾命题呢？诸如有人说那是牛，有人说那不是牛，这就是矛盾命题。矛盾命题不同真，也不能同假。不同真必有一命题非真。辩论就是争执矛盾命题，辩论胜利的一方是因为其命题恰当为真，真实地反映了客观现实。墨子批驳了辩无胜论，认为辩论无所谓胜负，此话不合实事。原因在于它"不辩"。如果是"辩"的话，要么说它是，要么说它非，合乎实事的就是胜者。

为了加深对墨子"辩有胜"观点的理解，不妨看看在《庄子·齐物论》中一段关于辩论的言论：如果我和你进行辩论，你胜了我，我没有胜你，那么，你就果真正确，我就果真错误吗？假如在辩论中我胜了你，你没有胜我，我就果真正确，你就果真错误吗？看来，我们两人中究竟谁是正确的，谁是不正确的；或者我们两人都正确，都不正确，辩论中的我和你都是无法知道的。谁又能为我们两人之间的胜负作出正确的裁定呢？让观点跟你相同的人来判定吧，既然他的看法与你相同，怎么能作出公正的评判！让观点跟我相同的人来判定吧，既然他的看法与我相同，怎么能作出公正的评判！让观点与我和你都不同的人来判定吧，既然他的看法与我和你都不同，怎么能作出公正的评判！让观点与我和你都相同的人来判定吧，既然他的看法与我和你都相同，又怎么能作出公正的评判！如此看来，我和你之间的是非曲直，我和你以及任何一个第三者都不能够作出判定。庄子绕开认识是不是符合实际，把辩论中的是非曲直归结为主观态度，说辩论内外的人主观态度各不相同，因而无法断定辩论的正确与否。这与墨子关于辩论的认识是截然对立的，在墨子看来，辩论是有判别对错的是非标准的。

辩论的标准

墨子认为，其一，辩论必须有自己的观点认识，如果没有自己的观点认识，批驳别人就会没有任何效力。墨子在《墨子·兼爱下》中说："非人者必有以易之，若非人而无以易之，譬之犹以火救火也，其说将必无可也。"意思是说：说别人不对一定有别的说法代替它，说别人不对又没有别的说法代替它，打个比方就像用火救火一样，他的辩说将不会有什么可取之处。其二是辩论必须有一个判定结果的客观标准，如果没有这个客观标准，是非曲直将无法断定。在《墨子·非命上》，墨子申明了辩论中的客观标准的重要性，他说："必立仪，言而毋仪，譬犹运钧之上而立朝夕者也，是非利害之辨，不可得而明知也。"意思是，必须定一个标准，言论没有一个标准，就好比在那制陶转盘上安放一个测影器用来测影一样，是无法分辨是非利害的。因而，墨子明确提出了"三表法"作为判定辩论结果的客观标准。墨子说："有本之者，有原之者，有用之者。于何本之？上本之于古者圣王之事。于何原之？下原察百姓耳目之实。于何用之？废以为刑政，观其中国家百姓人民之利。此所谓言有三表也。"判断言论是非的标准有三种。第一是"本之"，就是往上探求古代圣王的事迹，把历史实践的经验作为标准。第二是"原之"，就是向下去考察百姓耳目所闻所见的实情，把老百姓所闻所见的日常经验作为标准。第三是"用之"，就是将它放在社会实践中应用，看是否符合国家百姓的利益。"三表法"不仅是判断认识是否符合实际情况的标准，也是作为辩论的基本原则。它体现了墨子的辩说逻辑是指向真实的客观世界，辩论的目的意义在于弄清是非曲直。

为何要辩论

在《墨子·小取》中，点明了辩论的目的："夫辩者，将以明是非之分，审治乱之纪，明同异之处，察名实之理，处利害，决嫌疑。焉摹略万物之然，论求群言之比。"这段话有三层意思。其一辩论的目的，是要分清是非，辨明真理。在春秋战国思想活跃、观点层出不穷的情况下，需要研究逻辑学，辨清真理和谬误，探究社会混乱之源，寻求救世良方。因而辩论不是玩弄辞藻，而是审察治乱的规律，搞清同异的方式手段，考察名实的道理，断决利害，解决疑惑。这是辩论的第二个目的和任务，就是要探求万事万物本来的样子，分析、比较各种不同的言论。其三是用名称反映事物，用言辞表达思想，用推论揭示原因。按类别归纳，按类别推论，弄清词语和其所代表的事物和所表达的概念之间的关系，分清表面上看似相同而实际不同的词语和命题推理。由此可见，墨子重视逻辑学，但不是那种经院式的为研究逻辑而研究逻辑，其逻辑是为社会实践、探究推行救世的主张服务的。

墨子及墨家尤其反对那些于现实真理是非辨别毫无意义的转换话题、偷换概念的诡辩。在讲究辩论方法的前提下，追求事物的是非曲直符合实际的道理，辩论是靠道理取胜，而不靠表面上的言辞取胜。概括起来，其辩有胜论追求的是理胜而不是单纯的辞胜。完全区别于后世公孙龙式的诡辩论。《吕氏春秋·淫词》记录了一段关于名家公孙龙的诡辩，他与墨子所坚持理胜的辩论方向截然不同。

故事记述说，公孙龙是战国时期赫赫有名的辩论大师，在赵国宰相平原君的相府里供职达四十年之久，他最有名的论调就是"白马非马"。鲁国孔穿是孔子的第六代孙，非常有学问，受鲁国社会贤达的重托前往赵国，劝说公孙龙放弃"白马非马"的观点，谁料公孙龙不仅竭力维护"白马非马"的观点，还向孔穿讲了很多诡辩，其中就有一个叫"臧三耳"的命题，即狗有三个耳朵。在辩说狗有三个耳朵时，公孙龙采取了混淆概念的诡辩手法。他把狗耳作为一个集合概念认定为一个元素，狗有两个耳朵又是两个元素，加起来就是狗有三个耳朵。据记载，公孙龙在平原君的大厅里巧舌如簧，混淆概念，弄得孔穿说不出话。从言辞看是公孙龙胜了，但从实际来看，谁都知道是公孙龙错了，可孔穿又驳不倒公孙龙，只好暂时告退。第二天，孔穿见到了平原君。平原君笑着说："昨天公孙龙辩论得头头是道，您觉得怎么样？"孔穿笑着说："确实精彩，公孙龙竟然能让狗长三个耳朵，虽然这样，我还是认为他说的不对，不符合实际。我向您请教：公孙龙论证狗长三个耳朵非常牵强，显然与实际不符，说狗长两个耳朵，一目了然，非常清楚明白，符合实际。您是相信符合实际非常明白的呢，还是相信非常牵强不符合实际的呢？"平原君赵胜一时不知如何作答。过了一天，平原君终于醒悟了，他对公孙龙说："您不要再和孔穿辩论了，孔穿是道理胜过言辞，你是言辞胜过道理，言词胜过道理最终是站不住脚的。"这就是我国逻辑史、辩论史上的理胜和词胜。魏刘劭在《人物志·材力》对其作了总结："夫辩有理胜，有词胜，理胜者，正黑白以广论，释微妙而通之。词胜者破正理以求异，求异则正失矣。"辩论有理胜有词胜，理胜能够弄清是非，取得符合真理的认识，词胜脱离实际，追求标新立异的奇谈怪论，靠歪曲诡辩来胜人之口，最终是弄不清道理的。可以说墨子是中国辩论史上主张理胜的先驱。

辩论的逻辑结构

在《墨子·小取》中，墨子接着说："以名举实，以辞抒意，以说出故。"其意是用"名"表达反映事物的概念，用"辞"表达判断，用"说"表示推理。这三句话简明扼要地说出了墨子逻辑学的格局和内容。人们表达思想用的是一句话一句话组成的语言，而每一句话又是由表达概念的词——"名"组成的研究辩论的逻辑思想，必须研究反映客观事物的"名"。除关心"名"的内涵外，还要注重"名"的外延，分清"名"的类别。作为概念的"名"的外延有大小之分，不同的"名"的外延有交叉、包含被包含的关系，有些"名"之间的外延则毫无关系。在墨子的逻辑中，"名"被分为三类。一类是达名，其外延最大，诸如事物、东西，不管什么都可用它来称呼。其二是"类名"，一类事物的名称，语言中最常见的概念，《墨经》中所说的牛、马，就是指这类的"名"。《墨子·经上》说："若实也者必从是名也命之。"意思是，特定种类的事物只用这种"名"称呼它。第三种就是《墨经》所说的"私名"，相当于今天所说的专有名词，其外延最小，诸如人名、地名。在辩论中，只有区分了概念的外延之间的关系，才不至于犯概念混淆的错误，才能有力地反驳混淆概念的诡辩。如此就很容易揭穿公孙龙狗有三个耳朵的诡辩了。

再说"以辞抒意"，从句面意思讲，就是用"辞"来表达意思，判断事理。语句判断是推理的前提。墨子把句子的结构分为两部分，一部分是句子的逻辑主语，称为"所谓"，第二部分是句子的谓语称为"所以谓"。以墨子为代表的墨家研究了"辞"的逻辑特点。在具体的辩论中，运用了各种判断形式。

墨子用"尽""莫不""俱"表示全称判断，如《墨子·兼爱中》说"越国之宝尽在此"，就属这种判断。用"或"表示特称判断，这种判断是说某类事物或某些事物具有某些性质，墨子及其弟子常用此种形式来阐释墨家的学说。

"假"相当于形式逻辑中的假言判断，断定一个事物的发生存在与另一个事物的发生存在有条件关系。这种判断的前半部分往往是某种假设、某种条件，后半部分则表达由这种情况假设或条件而引起的结果。对这类判断，墨子用"谓使""故使"两种，来表示不同事物之间的两种条件联系。"谓使"表示假设，只强调前后事件之间的条件关系，不必前后事件都是事实。"故使"是说已经存在的事物之间的联系。墨子认为，事物存在的条件有"大故""小故"之分。《墨子·经说上》说"小故"是"有之不必然，无之必不然"，"小故"指的是必要条件；"大故"是"有之必然，无之必不然"，"大故"指的是必要充分条件，有了这种条件结果就存在，没有它结果就不存在。以墨子为代表的墨家还研究过很多种判断形式，诸如模态判断，这种模态判断语句多带有"必然""可能"，或带有"曾经""将要"等意味的词义。比如《墨子》一书说的，"贫家而学富家之衣食多用，则速亡必也"，"行者必先近而后远"，"且入井"，等等。

判断是人们用语句将事物的状况表述出来，至于对错还需要进一步说明这个判断结论所根据的理由，这是思维逻辑的要求。也就是墨子所说的"以说出故"。推理，墨子称为"说"，在墨子的逻辑体系中，"说"被分成几种推理形式，在实际辩论中，墨子非常有效地运用了这些推理形式。

墨子在辩论中主要运用的推理形式有"或""假""效""辟""侔""援""推""止"，这些推理形式基本上涵盖了现代逻辑推理的归纳、演绎、类比三大类别。

"或"是针对全称判断提出的，意思不是全部都是这样，可能是这样也可能是那样。"或"在判断上属于特称判断或选言判断，从推理上讲又可指选言推理。墨子在与论敌辩论时常常采用这种推理形式去驳斥对方的论断。诸如前文提到的墨子与公孟子辩论中就采用了这种推理形式。公孟子说君子必须说古代的语言、穿古代的服装才能够做到仁。针对公孟子的"莫不然"判断，墨子提出"有不然"去批驳。商纣、费仲是天下暴虐的人，箕子、微子是天下的圣人，他们那时说同样的语言，仁和不仁的区别是很明显的。周公是天下的圣人，关叔是天下暴虐的人，他们穿同样的服装，仁与不仁的区分也是分明的，所以君子做到仁不在于说古语、穿古服。墨子通过列举反面例证驳倒了公孟子。

"假"在墨家逻辑中指事物的现象是假象，可指假言判断，也可作为假言推理、二难推理。假言推理也是墨家逻辑体系中的一个重要推理形式。《墨子·经说下》举例讲述了这种推理形式。有人批评学习有益，提出学习无益。他认为别人不知道学习无益的道理，就告诉别人，实际上让人知道学习无益的道理，也是一种教导，也是让人学习。可见，认为学习无益又教导别人知道这个道理，是违背自己的观点的。因而学习无益的观点是错误，学习有益是正确的判断。

"假"作为二难推理的形式，《墨子·经说下》讲述了这个推理过程。认为所有的言论都是错误矛盾的，可以从这个言论本身推断出这个言论错误。假设这个人的言论正确，就是说"所有的言论都是错误矛盾的"这个言论不违背道理。这么说就意味着有的言论是正确的。可见"所有的言论都是错误矛盾的"这个言论是错误的。

"效"在《墨经》中指立论的标准、推论的法则。作为推理形式，是说对一类事物肯定，就是对这类事物中任一事物都肯定，否定一类事物，就是对这类事物中任一事物都否定。《墨子·公孟》中，墨子和儒士程繁辩论就采用了这种推理形式。墨子对程繁批评儒家说："儒家所说的道理足以丧天下的有四种政论……"程繁反对说："太过分了，先生这是在诋毁儒家。"墨子反驳说："儒家如果没有这四种政论，我这样说是诋毁儒家，现在儒家本来就有这四种政论，我说出来就不是诋毁儒家，是告诉你知道。"

"辟"就是列举别的事物来表明所说的事物。作为一种推理，就是以一种已知事物作比，让人明白未知事物的推理过程。这种推理形式，墨子在游说中说明自己观点时经常采用。比如《墨子·耕柱》篇中，墨子向鲁阳文君阐述非攻思想时，说：大国侵略小国，就像儿童装扮骑马的游戏，儿童做这种游戏最终劳累的是自己的双脚。大国进攻小国攻守双方都全力以赴扑在战争上，农夫不能耕种，农妇不能纺织，最终受损害的还是自己。战争的受害者是发起战争者，这是结论，正如儿童装扮骑马的游戏，其结论是劳累自己的双脚一样。这种推理形式借助别的事物揭示要说明事物的道理，能进一步让对方认识信服所说的道理。

《墨子·小取》说："侔也者，比辞而俱行也。""侔"式推理是比照前一判断，推理出后一判断。《墨子·小取》举例说明"侔"式推理，白马是马，骑白马就是骑马。墨子还用这种推理说明自己的兼爱思想。爱人必须普遍地爱一切人才称得上爱人，不爱人不是不爱一切人，才称得上不爱人。

"援"这种推理形式，《墨子·小取》解释说："你这样，为何我不能这样呢?""援"式推理就是引用对方认同的观点来做类比推理的前提，从而引申出自己的观点。诸如《墨子·非攻上》在说明侵略他国应该受到谴责批判时，墨子就运用了援式推理形式。跑到人家果园里，偷人家的桃李，大家知道谴责他，政府知道惩罚他，因为他损人利己……现在进攻人家的国家，就不知道谴责，反而称赞，认为合乎义。这就是不知道义与不义的区别了。损人利己是不义的，这是对方认同的观点，从这个观点，进攻别国也是不义的观点。应用援式推理在于此与彼类同，即本质相同，如果本质不同，援式推理就不能够适用。

《墨子·小取》说："推"就是用其所不赞同的命题，来类同于其所赞同的命题，以此来反驳对方的论点。这种推理方式属于归谬式的类比推理，在辩论中，墨子为反驳对方常采用这种推理方式，即首先援引对方一个观点，作为辩论中类比推理的前提，进而去推出一个与对方的观点相矛盾的结论，从而驳倒对方。《墨子·公孟》一篇记述墨子和公孟子的辩论。公孟子认为没有鬼神，又说作为君子一定要学祭祀。墨子反驳他说：认为没有鬼神却主张学祭祀，就像没有客人却学待客礼节，没有鱼捕却织渔网一样荒谬。墨子指出这两个命题是矛盾的，从而驳倒了公孟子。

墨子在运用全称判断和特称判断时，对两者的关系有着一定程度的认识，他认为特称否定判断和主词相同的全称判断的关系是一真一假。在推理中，他往往用特称否定命题形式来否定全称肯定命题，即列举反例来推翻对方的全称判断。这种推理形式，墨子称为"止"。《墨经》说："止，因以别道。""彼举然者，以为此其然也。则举不然者而问之。"墨子认为"止"的辩论方法，是用来区别一个全称判断命题的，辩论的对方如果举出一个或一些事例，仓促进行一个全称判断，我就举反例进行驳斥。《墨子·鲁问》篇就有这种推理的记述。有个叫彭轻生子的人来和墨子辩论。他先提出一个全称判断：过去的事情可以知道，未来的事情不能够预见。墨子运用"止"的推理方式，举反例驳斥彭轻生子的观点。墨子对彭轻生子说："假如你的父亲在百里之外遇到危难，只给你一天的时间，一天之内到达，你的父亲就会活着，如果一天之内到不了，你的父亲就会失去生命，现在这里有善跑的好马、坚固的车子，也有劣马差车，如果让你选择，你选择哪一种呢？"彭轻生子回答说："一定选择善跑的马、坚固的车子，因为可以较快到达。"墨子笑着说："这不就是预见未来吗？你怎么说未来的事情不能预见呢？"墨子运用这种推理形式很容易地驳倒了彭轻生子。

在具体的论辩中，墨子的论证和推理都遵循了逻辑的基本规律，因而其逻辑辩论有力量，能够令人信服。在驳斥公孟子认为无鬼神，又主张学习祭祀，推理出这两个命题是矛盾的，不能够同时为真，应用了矛盾律。在与公输班的辩论中，墨子指出公输班为楚王造云梯是杀众，和公输班原来认同的不杀一个无罪之人，前后违背了思维的同一性。在这里墨子运用了同一律。在驳斥辩无胜，墨子坚持了排中律。

墨子深深懂得逻辑的力量，他不但是一位能言善辩的辩者，还是一位通晓逻辑的专家，因而墨子不愧为历史上伟大的逻辑家。

第5章

善于守御的军事思想家

墨子深痛战争给人民带来的灾难，率门徒奔走四方宣传兼爱、倡导非攻。他针对当时大国兼并弱国、小国的形势，提出了中国军事史上独具特色的防御战争军事思想，创造了富有人民战争形式的战略战术。《史记》说墨子"善守御"。《墨子》一书保存了有关防御战争的十三篇文章，尽管其出自墨子弟子或再传弟子之手，但也包含了墨子的防御战军事思想。在中国军事史上，往往把成功的战争防御称为"墨翟之守"，由此可见，墨子防御军事思想的深刻影响。

忘战必危　有备无患

从战争观上看，墨子的战争观点，一为非攻，二为救守。墨子反对当时的兼并战争，尤其反对大国、强国攻伐小国、弱国的兼并战争，但他不反对小国、弱国抵御大国、强国侵略的防守战争。正如俞樾在《墨子闲诂·序》所言："（墨子）惟非攻，是以讲求备御之法。"墨子提倡救守。所谓救守，实际上包含着两层意思，一是对被攻的弱小国家进行支持，二是弱小国家本身的防守。墨子的救守军事思想主要体现在小国、弱国防御大国、强国的侵略战争上。其防御军事思想带有人民战争的色彩。墨子把战争分为正义战争和非正义战争。在当时的历史背景下，大国兼并小国、弱国是非正义战争，小国、弱国抵御大国侵略兼并的防御战争为正义战争。从墨子的社会实践中看，墨子的救守思想包含有防守、自卫两个方面，是一种积极的防御战争。从止楚攻宋到止齐攻鲁，再到说服鲁阳文君不要讨伐郑国，墨子的止战思想和孙子上谋伐兵是一致的。最好的救守是挫败、制止侵略者的进攻意图和军事谋略，从而将战争消除在酝酿阶段。

墨子的防御战争思想是一种匡扶正义，帮助小国、弱国生存的义举，也是兼爱思想的体现，表现出深刻的人道主义精神。鉴于当时强攻弱、大攻小的兼并战争，墨子呼吁作为小国、弱国更要具有忧患意识。在《墨子·七患》中，墨子指出国家通常有七种祸患需要注意。第一种祸患：内城、外城、护城河等防御设施不完备，国君却大兴土木，修建宫室、苑囿供自己享乐。第二种祸患：平时不注重和邻国建立友好关系，遭到敌国侵略，四邻坐视不救。第三种祸患：瞎指挥，把民力、财力都耗费在无效用的事情上；滥赏无能、无德、无功之人；大肆招待四方宾客，造成国家财政亏空。第四种祸患：做官的只爱俸禄，不管事业成败兴衰。从事外交考察的官员，只爱游山玩水。国君处心积虑制定条例、制度，只是为了整治臣子。臣子终日惴惴不安，想方设法规避国君的制裁。第五种祸患：国君自以为圣明，厌烦操劳政务。国君自以为国家强盛安定，不作储备和防御，四周邻国已在暗中图谋侵略，却不知戒备。第六种祸患：国君信任的人对国君不忠心；对国君忠心的人，国君却不信任他。第七种祸患：国内粮食生产匮乏，不足以养活百姓，饥荒迫在眉睫。赏赐不能使下属感到高兴受到劝勉，惩罚不能使下属畏惧，大臣都不尽心尽责。墨子认为一个国家如有这七种祸患，迟早会遭殃亡国。在这七种祸患中，墨子把城防工程建设放在首位，接着依次讲到了外交同盟关系、国力、上下同心、内政治理、战略物资的储备、必要的警戒等，这些都是事关国家生存能力的关键。

墨子提出"七患"，一方面尖锐批判昏庸无能的统治者的荒淫无度，他们耗费民财，以满足其奢靡生活的需要，是造成国家危亡的主要祸源。另一方面墨子也从负面提醒，作为小国、弱国一定要注意对内强化守城及防御技术的研究与实施，对外必须加强和平外交。接着墨子又提出："仓无备粟，不可以待凶饥，库无备兵，虽有义不能征无义；城郭不备全，不可以自守；心无备虑，不可以应卒…故备者，国之重也；食者，国之宝也；兵者，国之爪也；城者，所以自守也。此三者，国之具也。"意思是：国家粮仓里没有足够的粮食储备，就不能应付饥荒，尤其在守城战争之中。国家武库里没有足够的兵器储备，即使正义也不能够讨伐不正义，城防设施不健全，就不够自卫防守。心中没有防备的周密考虑，就不能够应付突然的战争事变……因此战备是国家的重中之重，粮食是国家的珍宝，武器是国家的爪牙，城郭是国家自卫防守的依托。墨子对国防的认识在当时是非常深刻的，他着重指出粮食、兵器、城防是国家最重要的三项战备，决定一个小诸侯国的生死存亡。他还提出忘战必危，有备无患，主张兴修城郭沟池，积极备战。

全方位的城防防御网

墨子为了对抗攻城之战，率门徒专攻守城战术，并为此奔波于各个弱小国家之间。在《墨子·备城门》中，墨子说："凡守围城之法，厚以高，濠也深以广，楼撕插，守备缮利"，"然后城可守"。大意是，大凡守城之法，城墙建得又高又厚，城门楼修得高大坚固，护城沟挖得又宽又深，守城的器械准备得充足完好，只有这样才能在敌国千军万马的围困下守住城。墨子及其门徒大都是能工巧匠，在守城的城防工程中发挥了他们非凡的才干。从《墨子》一书的记述看，墨家的守城军事设施及其部署在当时来说是举世无双的，从城外的布防、进城的道路、护城河、城门、城墙、城楼、守城的重型武器，甚至地下通道——地穴都全方位地武装起来。可以说，墨家的防守是地下、地面、空中全方位的。

首先在城外郊野建立完备的亭燧作为守望和报警设施，时刻警惕来犯之敌，一旦有敌来犯，迅速传递军事讯息，争取反侵略战争的主动。《墨子·杂守》篇、《墨子·号令》篇记述了亭燧的设置和传递信息的方法。在城市的郊野，每隔一定距离，建筑高台，台下四周深挖壕沟并设吊桥进行自卫，台上建数丈高的守望观测亭，并备有鼓灶及其举火的滑车。如发现敌情，白天燃烟作为信号，黑夜则点火，依次通过各个亭燧向城邑传递消息。若敌情紧急，就反复上下举火，并且用鼓音和烽火相配合，传递来犯之敌的多少。用烽火数量表示来敌的远近：看到来犯之敌点燃一处烽火，进入国境则点燃两烽，接近外城燃起三烽，进入外城点燃四烽，逼近内城则点燃五烽。为配合亭燧守望，还在近城十里的郊野建有树表和举帜设施。所谓树表，就是在高地、行人必经道路、要塞设立警戒点，派警戒兵日夜轮流值班，并配有特殊旗帜。每天都要察看形迹，竖立标志，与城上互通消息。一旦发现敌情，城上就用旗指挥，并击鼓报警，全城迅速行动起来，准备应敌。具体来说，来敌到达护城河时，击鼓三下，举一面旗帜，到达栅栏、城墙都有击鼓、举旗的规定。

墨家设置的亭燧、击鼓、树表、举帜等，在军事上有效地利用了视觉、听觉符号传达军事信息，可看作中国古代军事符号学的运用。

环绕城市挖一条深且宽的护城河，护城河中布设一丈二尺宽的竹签带，竹签没入水下五寸，来犯之敌根本就不能够看见。竹签削得很尖，长短相互间杂，外围的三行竹签中第一行尖朝外，里面的两行尖朝里，这样可使来犯之敌进退受阻。在护城河与城墙之间布设栅栏，栅栏由大小树木组成，高的十尺，矮的五尺，全都削尖上端，犬牙交错，坚埋深固，远远望去如同密林，使敌人的大队人马、重型装备很难靠近城墙。

城门处设置迷惑来犯之敌的发梁机巧，即伪装吊桥。具体做法，离城门三十尺，挖一条深壕沟，上面布设吊桥，吊桥上的活动木板，由精心设计的机关控制，可以随时断开或连接，上铺黄土，看似平坦大道，可通车马。桥两边则是深沟。战时可有小队人马前去诱敌，一旦敌人拥上吊桥，则发动机关，断开吊桥，敌人纷纷落入壕沟，以此有效杀伤擒获来犯之敌。

城门是城市防守的咽喉之处，熟悉工匠技术的墨子及其门徒在城门里还精心设置一道防守机关——悬门沉机。悬门相当于活动保险门，悬门大小与城门一致，两扇悬门严丝合缝，为防火攻，门上涂泥，还设有救火设备，门关用金属包裹，非常坚固。沉机是说可以让悬门沉下的机关。一旦有敌情可以操作机关让悬门放下。这也是墨家守城的一道防线。

四面城墙之上设置保卫城门的高楼，由善射的百名精兵把守，监视城外的开阔地带，一旦来犯之敌接近，即用利箭射击。城门楼也是墨家城防工程的一项重要设施。除保卫城门的高楼，城墙上还建有楼亭，由专人值班，专门监视敌情。一旦敌情紧急，城内各条大街小巷均布岗哨，没有通行证不得过往。《墨子·公输》记述，墨子止楚攻宋成功后，途经宋国，遇上大雨，想到闾里避雨，由于没有通行证，守闾人拒绝其入内。

城内最高长官所在地墨家称为守楼、守堂等。在墨家的城防工程中，最高长官所在地相当于城防司令部，戒备森严，易守难攻。城防司令部建在全城的制高点上，周围有数重高大城墙，内有宏伟建筑、繁琐复杂的道路，可居高临下，鸟瞰全城。在守楼建筑中墨家能工巧匠可谓独具匠心，在守楼的建筑内可看到下面，下方的人却看不到上面。传递情报，接纳客人都有严格规定。

在军械方面，墨子及门徒依靠在科学技术上的专长，发明了连弩车，顾名思义就是把许多弩弓连接起来，《墨子·备高》篇讲述了这种武器。把许多弩弓连接起来装置在两轴三轮的车子上，弩床底座与城墙宽度相同，车上有瞄准仪，为调整射击方位，车上还安装了名叫"屈伸"的装置，可以上下沉降，连弩发射器和箭末扣弦部件都用铜做成，重达百余斤。连弩车由十人驾驭，利用辘、轮轴等杠杆类的机械控制发射，发射的长箭竟长十尺，长箭用细绳子系住，发射时如同仰射飞鸟，发射后可以收回。连弩车一次可发射长箭六十支，小箭无数，是当时威力最大的武器。此外还有掷车、转射机，这两种武器都是利用杠杆原理设计制造的抛掷机械。

掷车比转射机大，转射机比较灵活，是一种可以旋转发射的机械，可以投掷发射刀剑、炭火筒、石头以及蒺藜。《墨子·备城门》记述这两种武器的具体装置情况：在城墙上，每隔二十步装设一部转射机，每二十步或三十步或五十步安装一台掷车。墨家还发明了一种用于坑道防御战的装备窑灶鼓橐，窑灶类似烧制陶器砖瓦的窑灶，门旁为橐，橐即鼓风吹火器，类似于风箱。窑灶连接瓦制管道，管道中均匀放置易于生烟的炭糠混合物。窑灶里点燃煤块，有鼓风技师鼓动橐，管道内喷出浓烟可窒息来犯之敌。它用于坑道战，也可用于保卫城门城墙。在墨者的守城装备中，还有罂听设施，它巧妙利用声学原理，监测敌情。罂就是一种大陶罐，腹大口小，罂口蒙上薄皮，放入深井中，让耳朵灵敏的人伏在罂口倾听，探测来犯之敌挖掘坑道的方向，以便采取措施。这种设备可看作利用声学传播的原理，设计的一种测声仪器。墨家还设置了一种收缴敌人抛射来的箭和石的设备叫渠答。《墨子·备城门》介绍了渠答的构造、安装、作用。在城墙上每两步埋设一渠（立柱），答就是悬挂在立柱上的草帘，渠答好似船上的桅和帆。一方面避免或减轻敌人箭、石的伤害，另一方面还可回收箭、石加以利用。三国时诸葛亮草船借箭就类似于渠答收箭、石的原理。此外，墨子还提到其他一些武器，限于篇幅不作一一介绍。有了先进武器的支持之后，就有可能在守城防御战的过程中，随时进行战术反攻。

全民皆兵　众志成城

在《墨子·备城门》中，禽滑厘向墨子提出防守问题：
"甲兵方起于天下，大攻小，强执弱，吾欲守小国为之奈
何？"在当时的兼并战争形势下，墨子的军事防御思想是关
于小国、小城邑防御问题的。《墨子·杂守》也说墨者所守
之城"率万家而城方三里"。这种小城大概有一万户居民，
周长三里，它往往面对千乘之国、十万甲兵的侵略围攻，双
方力量对比悬殊。墨子的防御战争构想是：依托城池，利用
地形，正确部署兵力，自远而近，层层抗击，消耗敌人的兵
力。但同时主张具体情况具体对待，实际战况往往不能拒敌
城邑之外。一旦无法守住郊区要道，就得主动退守城中，牺
牲局部利益，实行坚壁清野。在城郊范围内，推倒墙垣，甚
至摧毁军事设施，砍伐树木，不给敌人提供隐蔽的条件，让
敌人暴露在箭矢的射杀范围内。撤离百姓，宰杀牲畜，运走
粮食，凡可作为军需品的东西都要收集起来运进城中，加以
利用，免得落入敌手。进行全民动员做好守城战争的准备。

《墨子·备城门》说："守卫之法，五十步丈夫十人，丁
女二十人，老小十人计之，五十步四十人。城下楼卒率一步

一人，二十步二十人，城小大以此率之，乃足以守围。"意思是：守城之法，城墙上每五十步布设成年男子十人，成年女子二十人，老人、少年十人，总计每五十步内四十人。城下守楼的士卒一步一个，二十步内计有二十人。按此方法足以防守。如果敌人以十万之众围城，进攻方向无非是从四面分四队进攻，从当时的城池规模看，进攻者每面的最大攻击线当是五百步约三百丈，那么防守力量的配备当是"丈夫千人，丁女二千人，老小千人，凡四千人，而足以应之，此守术之数也"。按这种部署，一万户居民的千丈之城大约需要四千人。此外，还有一半成年男子大约千人作为总预备队，来应付突然的事变。至于其他老小不能担当主要攻击方向防御作战任务的，就守于城上非主要防御区域。

从中看出，墨子的守城方针可谓是全民皆兵，广泛组织妇女、老人、少年参加守城战斗，使他们均能在战争中发挥作用；城中没有参与守城的老年人则担任巡逻盘查工作，负责从形迹可疑的人中发现坏人；不够五尺的儿童，安排在官府或兵士宿舍担任服务工作，还专门配有童旗作标示。这样，将城中男女老少都纳入了战争的轨道。《墨子·号令》篇中还规定，"女子到大军，令行者，男子行左，女子行右"，女子参战身着不同的衣服，并有特殊的旗帜，其目的讲究效率严肃军纪。墨子讲求战前动员和组织，通过部署可以使四千守卒应付十万来敌，坚守围城，以夺取防御作战的胜利。

墨子认为要取得守城防御作战的胜利，上下官民和睦是取得守城作战胜利的根本保障，只要做到"上下相亲"，百姓团结在官府周围，同心协力，就能做到死死守住城邑。守城除争取外援，还要做好内部团结工作，凡有矛盾者战前都要由人说和，化解仇怨。《墨子·号令》篇说："守入临城，必谨问父老、吏大夫，诸有怨仇不解者，召其人明白为之解之。"其次是选拔人才，量才录用，使他们发挥所长，效命国家。守城将领的选择至关重要，《墨子·备城门》说："守者必善而君尊用之，然后可以守也。"意思是，守城将领一定要有才能，而国君要尊重他、重用他，才能守住城邑。三是严明法纪，赏功罚过，使民众乐于公战，耻于偷生，达到"命必足畏，赏必足利"的效用。四是积极动员，激励民众，振奋精神，同仇敌忾。墨子主张对民众进行思想动员，讲清敌人不仁道的罪恶，指出敌人灭亡国家社稷的目的，以此激发民众的死战决心，共赴战场。同时严禁传播各种动摇民心的流言蜚语，一经查出，严惩不贷。作战中要以奖惩、抚恤、慰问等形式鼓舞参战者的斗志。

在全城组织最广泛的统一战线，凡事一致对外，根据其所长纳入守城战争中来。一个城市的居民各式各样：有爱说别人坏话的，有好利的，有坏人，有好人，有具有专长的，有足智多谋的，有勇武果敢的，有心灵手巧的，有可以奉使的，有能容人的，有不能容人的，有善于待人的，有善于战斗的，守城的主将务必要考察他们具备哪种品性或特长，接纳使用他们，让人们各尽所能。诸如在《墨子·迎敌祠》中，墨子主张守城主将应将有才能的官吏和有专长的各种工匠、医生等都集中起来，按其能力分配工作。如屠夫、酿酒人可为守城将士负责炊事，大小官吏则负责供应守城所需的一切财物，这样所有的人都能各施其所长。在人才使用上扬长避短，量才而用，优化组合，做到大才大用、小才小用，大小之才各尽其用。这种人才思想可算作是一种进步的人才观念，对当今社会也有启迪意义。

守城的战术

《墨子》中的守城战术极其丰富，仅存的十一篇：《备城门》、《备高临》、《备梯》、《备水》、《备突》、《备穴》、《备蛾傅》（即蚁伏，指步兵强行登城）、《迎敌祠》、《旗帜》、《号令》、《杂守》，几乎涵盖了所有冷兵器时代的守城术。它根据"今之世常所以攻者，临、钩、冲、梯、堙、水、穴、突、空洞、蛾傅、轩车"等当时通行的十二种攻城战法，提出了诸如"备高临""备梯""备水""备突""备蛾傅"等一系列有效的守城战术。现存《墨子》城守诸篇中的六种具体防御战法都是借墨子与其弟子禽滑厘的问答形式展开论述的。它讲求守城防御方法，手段多样。

禽滑厘是墨子的高足，向墨子学习攻城战法十分刻苦。据《墨子》一书讲，禽滑厘追随墨子三年，手上满是老茧，脸晒得黝黑，像做奴役一样侍奉墨子，却不敢问自己想问的事。墨子非常同情他，就准备了酒和肉，邀请禽滑厘来到大山中。两人席地而坐，谈话喝酒。中间，禽滑厘对墨子拜了又拜，还叹了口气。墨子见状问道："你想问什么呢？"禽滑厘拜了又拜说："敢问守城的方法。"墨子回答说："先不要问这，先不要问这。古代曾有懂得守城方法的人，对内不知道亲抚百姓，对外不知道结交诸侯；自己兵力少却疏远兵力多的，自己兵力弱小却轻视兵力强大的；最后丧命亡国，被天下人耻笑。你还是慎重一些，你还是慎重一些，恐怕懂得守城方法，反会受其累。"墨子认为要想保持长久，还是要重视根本，行兼爱，对内亲抚百姓，对外搞好友好同盟，单单追求攻防之道，实在是下策。

禽滑厘不甘心，向墨子拜了两拜，又行叩首大礼，抬起头来，仍表示希望问到守城的方法。他向老师问道："胆敢问一句，如果敌方兵多将勇，填没了我方护城河，架起云梯，备好了攻城器械，敌方武士争先恐后爬上我方城墙，该怎么办呢？"墨子很受感动，就回答说："云梯是重武器，移动非常困难。对付用云梯这种重武器攻城的战术方法是：守城一方可以在城上筑起加高的城台行城，行城之间夹设杂楼，行城和杂楼之间要保持适当的距离，两者之间的部分要拉上防护用的遮幕，把自己环绕在里面。建筑行城的标准，要高出城墙二十尺，上面加筑矮墙，墙宽十尺，左右各伸出二十尺，高度和宽度的标准跟行城的标准相同。让大力士操纵连弩车、掷车、转射机、对撞机等各种重型武器，用鼓声号令射击。城上把箭矢像雨一样向敌人射去，石头、沙子、炭灰像雨一样倾倒敌人头上，接着，扔下火把，向敌人烧去，然后用滚烫的开水泼向敌人。云梯是不难攻破的。"

禽滑厘还向墨子问了破解羊黔式攻城、水攻、从城上"突门"攻城、打隧道破坏城墙攻城、人海战术强攻城的战术方法。

《墨子·备高临》是讲如何对付敌人积土为高山、居高临下攻城的战术方法。敌人用土筑成各种羊黔式的土山，与城相连属，兵士以大盾牌作掩护，从高台山上向下攻下来，一下子就接近了守方城头，刀箭一起使用。墨子认为，羊黔攻城是一种拙劣的战法，只会让攻方的士兵疲惫，却不能危害守方的城池。对付这种攻法，守城的一方只需在城头上继续加高做成台城，对羊黔仍形成居高临下之势。台城左右用大木编连起来，两旁各横出二十尺。这种临时做成的台城又叫行城，高度为三十尺，在上面用强弓劲弩射击敌人，凭借技机和精良的武器打击敌人，羊黔攻城法就必败无疑。在对付敌人积土为高山、居高临下的攻城法，墨者发明的两种武器设备可以发挥作用，连弩之车是对付敌人的有力武器。如果敌人从高台上向城中射箭，城上布置的渠答可以截收敌人的箭矢。

《墨子·备水》是讲如何防御敌人以水攻城的战术方法。墨子认为，敌人以水攻城的方法一般有两种：有水之地，决堤来灌城；无水之地，修渠引水来灌城。对于第一种水攻，首先，守城一方须清楚城内外四周的地势高低情况，如果城内地势低，就须开渠来疏水。地势越低越要深挖水渠，使其互相贯通如渠井，以便排泄城中之水。对于修渠引水淹城攻城法，守城一方就要以较辐船来破敌人的堤坝。具体做法是，守方组织强有力的船队，把两船合而为一叫作临，船队由十临即二十条船组成。每临有三十名训练有素的大力士做船员，十临共需三百名船员组成。其中二百名船员披甲戴盔，手持镢头，担任决堤任务。一百人持长矛作掩护，用船撞击堤坝，城上用重型武器转射机予以配合。如此就可破敌人的水攻。

《墨子·备突》主要讲如何防守敌人从城上突门攻城的战术方法。突门是守城时准备的用烟熏敌人的暗道。岑仲勉先生解释说：突门是从城内侧面对敌营而挖的一种暗门，挖掘时留五六寸的厚度不使其穿透城墙，从城外看不出来。防御此种攻城法，首先在突门内准备好烟火、大车轮及精锐之士。这样既可以打击攻城之敌，又可方便守城方精锐出城偷袭敌人。一般城内每百步设置一个突门，各个突门内都砌有一个窑形的灶，灶砌在门内四五尺处。突门上装盖瓦，以防止雨水注入门内。一般安排一名军吏掌管堵塞突门，方法是用绳索将木头和两个车轮捆住，上面涂上泥巴以防敌人火烧，用绳索将其悬挂在突门上，根据突门的宽窄，使车轮挂在门中四五尺处。再设置一个窑灶，灶中堆满柴火、艾叶，门旁安上一个皮风箱。敌人来进攻时就放下车轮堵塞，点燃灶里的柴火，鼓动风箱，以烟火熏烤窒息来犯之敌。这样就可防止来犯之敌。

《墨子·备穴》是讲如何防备敌人用打隧道破坏城墙攻城的战术。来犯之敌，在城墙下挖掘坑道，在坑道内先立坑木，然后烧断坑木，使城墙崩塌，并杀伤守城将士。对此，墨子提出，首先在城墙高楼上密切监视敌人，一旦发现城外出现聚土或护城河出现混浊现象，就可判定敌人正在挖掘坑道。发现敌人有打隧道的迹象，立即从城内对着敌人的方向挖壕沟和隧道以防范它。假如不能准确判断敌人隧道的位置，利用墨者发明的罂听测声设备，派听觉灵敏的人伏在坛口静听地下传来的声音，以推断敌方隧道的位置，然后从城内挖隧道与之相抗衡。挖坑道时，不与敌人的坑道相对，而是斜穿，可使挖掘出的土填埋敌方的坑道。敌我隧道一旦打通，就立即命我勇士手持四尺长的铁钩、短矛、短戟、弓箭同敌人搏斗。这时还可发挥坑道防御战的装备窑灶鼓橐的作用，把连接窑灶的瓦管管道放入隧道内，用烟火熏烤窒息敌人。这有点类似现代战争中施放的催泪弹。《墨子·备穴》篇还提到防备敌方实施烟熏的办法。隧道中要配备一种名叫"醶"的酒或醋，"醶"用大盆盛放，容量不少于四斗。在地道战中，一旦敌人用烟熏我方士兵，马上将脸贴在"醶"上，可使我方士兵的眼睛减少或免受烟熏的伤害。一旦缓解了眼睛的痛苦，马上朝不同方向挖隧道，填堵烟源隧道，从根本上解除敌人继续实施烟熏战术。在那个时代，墨家就知道酒精或醋可以溶解有毒气体，起到排毒、消毒的作用，与近代化学战中配备防毒面具的原理极为相似。这样敌人的隧道攻城就会失败。

《墨子·备蛾傅》是论述如何对付敌人用人海战术强攻城墙的战术方法。来犯之敌非常强悍，军法又严厉，以致士兵被驱使得像蚂蚁般攻城不止，同时在城下挖壕沟、筑土山、掘隧道。前面敌兵攀登不止，后面的箭一个劲地猛射。墨子认为，倚仗人多势众强行攻城，这不过是敌将恼羞成怒情况下的一种不明智的举措。对付这种战术，守城一方只要临时加高城墙，居高临下向敌人射击，就可击溃来犯之敌。在防御战中，用"掷机"投掷敌人，拔掉敌人攻城战具，用火把及烧烫的开水泼向敌人，用点燃的渠答覆罩敌人，沙石如雨点般打向敌人。除此以外，作为能工巧匠的墨子及其门徒还发明了一种防备敌人攀缘攻城的守城武器。这种武器叫作县脾，岑仲勉先生注释说，县脾是一种无底木箱，用吊车牵引，可急上急下，用来刺伤爬城敌人。《墨子·备蛾傅》讲到这种守城武器的制作及操作方法。县脾也可看作吊箱，制作吊箱要用宽二寸的木板，吊箱前后各宽五尺，高五尺。还要制造滑轮车，转轮直径一尺。专派一名武士守在吊箱中，手持一根长两丈四尺的长杆，长杆两端都缚有刃口的矛。用铁索系住吊箱上的横木，并连到辘轳上，让四个大力士操纵吊箱上下，使长杆两端有刃口的矛刺伤攀缘攻城的敌人。县脾一般每二十步放一个，如果面对敌人的攻城前线，每六步放一个。这样敌人的蛾傅攻城战法就将失败。

以上是见之于《墨子》城守诸篇中的几种防守城池的具体战术，从中可见墨家对守城方法及守城战具完备而具体的论述，这在先秦兵家的著作中是不多见的。墨家的这种城池防御战术对我国古代军事思想影响很大。尤其值得称扬的是，墨家在实施防御战术时，并不主张单纯的消极的防御，而是主张积极的防御，这在城守诸篇中均有反映。战争的目的在于消灭敌人，保存自己。而保存自己最有效的办法是寻找机会消灭敌人。因为只有消灭敌人，才能最终保存自己。最有效的防御，仍然是以攻势来进行的积极防御。对此墨子有着深刻的认识。《墨子·号令》说："凡守城者以亟伤敌为上，其延日持久以待救之至，不明守者也。"就是说，所有守城的一方，都应该以迅速歼灭敌人为上策，如果拖延持久，等待援兵到来，这是不懂得守城的方法。《墨子·备梯》和《墨子·备蛾傅》篇在讲到对付敌人用云梯和用蚂蚁般的人海战术攻城的战术方法时提到，守城一方在用弩射、技机、沙、灰土、开水以及反复不断地投掷致使敌人感到疲惫不堪而准备撤退时，要立即下令敢死队从突门出击趁乱攻击敌人。在反击时，勇士和主将都必须听城鼓之音而出，听城鼓之音而入，并借此反复出兵，设下埋伏。等到夜半三更之时，城上四面鼓噪呐喊助威，敌人必定疑惑不安，伏兵趁此机会袭击敌营，覆军杀将并夺取守城作战的胜利。

近代西方著名的军事理论家克劳塞维茨在其著名的《战争论》中说："进攻和防御这两种作战形式，是相互联系相互影响的，而且是可以互相转化的。进攻中含有防御因素，防御中含有进攻因素；整体为防御，其中一部分可以进行进攻；整体为进攻，其中一部分可以进行防御；进攻可以转为防御，防御也可以转为进攻。防御不能是单纯的防御，而是由巧妙的打击组成的盾牌。"而早在两千多年前的中国古代，墨家军事学派就已经认识到了战争中进攻与防御这一对矛盾的辩证关系。故主张在防守作战中，以攻为守，主动出击并不断消耗和打击敌人，逐渐转变战争态势，积极创造反攻的条件，以夺取防御作战的最后胜利。这是墨家对中国古代战略防御思想的突出贡献。

《战国策·齐策六》记载，战国时齐国说客鲁仲连写信劝燕国将领撤离聊城时说："今公又以弊聊之民，距全齐之兵，期年不解，是墨翟之守也。"从中可以看到墨子守城防御战术的高超。

第6章

科学真理的探索者

在春秋战国百家争鸣时代，墨子开创的墨家学派不仅有一个以"赴天下之急"为己任，积极从事救世活动为主要社会实践的目标，同时又是一个在科学研究中积极开拓的团体。墨子开创的墨家学派可谓是中国历史上最早的独一无二的从事科学研究、进行科学实验，并作出重要贡献的学术团体，他们做的科学实验及研究方法、科学思想、科学成就在中国古代科技史上占有重要的位置。可以说这是墨家区别于其他各家各派的一个显著特点，显示了其学术的独特性。究其然，有着深刻的历史原因。

单就一个学术团体而言，墨子为代表的墨家学派是在春秋战国经济文化大发展的背景下出现的。春秋后期，中国就出现了聚众讲学的风气，从春秋晚期的邓析在郑国聚众讲习法律、教人辩术，孔子在鲁国开办私学，传授礼乐射御书数六艺，到战国时思想家辈出，建立学派，聚徒讲学蔚然成风。齐国还建立官办的学宫——稷下学宫，招徕著名学者讲学。但那时的大思想家、著名学者，都把兴趣放在社会、经济、伦理上，真正探究自然，进行科学实验创造的不多。唯独墨子及其门徒重视科学技术研究，这与墨子的出身与救世理想有关。墨子出身于社会下层劳动人民，深知发展生产对改善人民生活的重要，作为工肆之人，墨子起而救世，其手段和目的就是兴天下之利，改变当时寒者不得衣、饥者不得食、劳者不得息的社会状况。墨家组织中有谈辩者、从事者、说书者，其中从事者，就从事科学研究实验，进行生产和机械制造，把科学研究成果转化为实用技术。墨子认为农工肆人的物质生产是社会存在的基础，因而重视工匠技艺，注意研究生产实践中的各种问题，积累了大量关于生产技术的各种实验材料，接触到有关自然的各种知识。可以说墨子的科学认识活动是和当时的生产技术实践紧密结合的，具有强烈鲜明的实践特征。墨子把是否对生产有利作为判别科学技术的价值标准，"利于人者谓之巧，不利于人者谓之拙"，《韩非子》记载了墨子关于木鹊和车辖孰巧孰拙的判断，就说明了墨子重视实用的科学价值观。

墨子几何学

　　墨子出身工匠，其墨家团体非常重视手工业生产。在《墨子》一书中常常提到用于生产劳动的工具，诸如矩，一种有直角的尺子；规，画圆的圆规；悬，底端悬挂重物的悬线；水，用来测平的水平仪。在手工业生产中，使用这些工具进行测算，墨家发展起来几何学的概念。《墨经》在数学方面，提出了一些几何学的概念，其理论认识已达到相当高的水平，标示我国在战国时期就已经产生了理论几何学的萌芽。例如几何中的"点"，《墨经》中称为"端"，其定义是"端，体之无厚而最前者也"，"端，是无间也"。端的意思是没有厚度也没有间隙、无法间断的"点"，这与现代几何学"点"的定义，只有位置没有大小，很接近。几何中的线，墨家称为"尺"，直线称为"直"，"直，相参也"，这里参就是三。三点共一线就是直，与现代几何中直线的定义完全相同。三点共一线在后世测量物体的高度和距离方面得到广泛的应用。晋代数学家刘徽在测量学专著《海岛算经》中，就是应用三点共线来测高和测远的。汉代以后弩机上的瞄准器"望山"也是据此发明的。"圆，一中同长也。"这是《墨经》中对圆的定义。这与近代数学中圆的定义"对中心一点等距离的点的轨迹"是完全一致的。"平，同高也。"说的是平的定义，指出高低相同就是平。"中，同长也。"说的是形体的对称重心的定义。《墨经》称正方形为"方"，其定义"方，柱隅四权也"。其中"柱"指的是边，"隅"指的是角，"权"意思是正，综合起来，有四个等边，四个直角的封闭图形就是正方形。

《墨经》还对形体之间的关系"相切"作过描述性定义。《墨经》称"相切"为"次"。"次，无间而不相撄也。"《墨经·经说》补充说："次，无厚而后可。""次"这种物体之间的关系，既不相离（无间），又不相交（不相撄），其间无高可言。在几何中，线与圆、圆与圆、线与线、面与体，仅仅一点重合，其余不接触，显然就是相切关系。墨家对几何的研究从生产实际出发，超越了日常经验，走向了理论几何的门槛，但由于种种原因，墨子后学没能够深入研究下去，将这些发展为成体系的理论，这是非常遗憾的。除几何外，墨子师徒还研究过普通数学问题，诸如数的定位问题、倍数问题、不同单位量的比较问题，但不如几何方面的研究多、精深。

墨 子 光 学

墨子还深入思考了当时生产、生活以及学术争论中遇到的物理学问题，其中以光学、力学的认识最为精辟，关于力学的理论认识还转化到一些重要工具的制造上。

在《墨经》中记载了丰富的几何光学知识。对于光的运动、光源与物像、物影之间的关系作过精辟的论述。墨子在当时就已知道光是沿直线传播的。根据这一原理解释了重影现象。一个物体有两种投影，是由于它受到两个光源照射的缘故。两个光源发出的光线有一部分合为一体，这部分重合的光线处在两束光线之间，物体挡住了重合之光便形成本影，只挡住一个光源发出的光便形成半影；如果只有一个光源照射一个物体，则只会产生一个投影。这些论述与现代光学中的"本影""半影"描述非常吻合。

墨子还认识到倒影形成的光学原理。墨子和弟子们做了世界上最早的"小孔成像"实验，《墨经》对此作了记载，并对实验结果给出了精辟的解释。

在一间黑暗的小屋朝阳的一面墙上开一个小孔，让一人在屋外对着小孔迎着日光而立，此时日光照人，透过小孔，在屋子里相对的墙上就会出现一个倒立的人影。为什么会这样呢？《墨经》说："景到，在午有端与景长，说在端。""景，光之人煦若射，下者之人也高，高者之人也下。足蔽下光，故成景于上；首蔽上光，故成景于下。在远近有端，与于光，故景库内也。"墨子解释说：人成倒影，在于光线交叉处有一小孔。光线如同射箭一样，是以直线行进的。射到人体下部的光线透过小孔投在高处，射到人体上部的光线透过小孔投到下部，因而在墙壁上成影。人体足部挡住直射过来的下光，通过小孔，因而成影在上边；人体头部挡住直射过来的上光，通过小孔，成影在下边。这样就形成了倒立的人影。小孔成像的现象是由于光沿直线运动的性质造成的。

在《墨经》中，还运用光的直线传播原理解释了物体和投影的关系。光被物体遮挡就产生投影，物体的投影并不会跟随物体一起移动。墨子认为，飞鸟在飞翔中，它的影子并不跟着移动，而是新旧投影不断更新。从表面来看，在日光中飞翔的鸟儿，其留下的影子好像也在飞动着，实际上并不然。墨子指出，飞鸟遮住了直线运动的光线，形成了影子。一瞬间后，飞鸟移动了位置，原来光线照不到的地方，又照到了，旧影就消失了，新影出现在飞鸟新移动的地方。在两千多年前，以墨子为代表的墨家能如此深入细致地研究光的性质，正确解释影动和不动的关系，是非常了不起的。墨者们还在生活中观察到物体的影子可以出现在朝向光源的一方，他们称其为"影迎日"，说太阳光反射照人，则影在日与人之间。以墨子为代表的墨者还发现了光作直线运动时，可以被折射和反射。人处在太阳和铜镜之间就会发生这一现象。

早在三千多年前我国就出现了青铜镜，到了战国时期，无论在青铜镜的制造和使用方面都积累了丰富的经验。作为能工巧匠的墨子和弟子们为适应当时生产使用青铜镜的需要，做了种种实验，分析了光的运行聚散规律，对铜镜成像的原理进行了深入的研究，提出了平面镜、凹面镜和凸面镜的成像理论。

在分析镜面成像的时候，墨子把物体看作由无数物点组成的，所成的倒像由无数"糇"组成。"糇"字的本义是炒熟的米粉，比喻极其细小，墨子用"糇"描述物体成像的像点。

墨家知道光在透镜或凹面镜之前会聚焦。《墨经》上说："在远近有端与于光，故景库内也。"景就是影，指物体的影像；内就是纳，也就是聚集在一点的意思。《墨经》里常称焦点为"正"或"内"，因而可以断定墨家已研究出光线聚焦原理。

在《墨经》中，称凸面铜镜为鉴团，人在凸面镜前，无论距离镜面远近只能形成一个正立的虚像，当人从镜前由近退远，镜中的像逐渐变小，直至看不清楚。人对着镜面由远至近，镜中的像也会由小变大。墨子分析了凸面镜生虚像的原理。物体距镜面近，镜光所照到物体上的光线多，其光线占镜面的面积大，因而所成影像也大。物体离镜面远，镜光照到物体上光线少，其光线占镜面的面积也小，因而成像也小。但无论如何，所成的像都是正像，其原因是迎面摄取物形的，其成像都要通过焦点。《墨经》记载："景之糅无数，而必过正，故同处其体俱然。"意思是说，物体影子由物体距离镜子距离的远近来确定，任何一处都可成影，所以说影无数，但这些影子都必然通过焦点，即过"正"。

在《墨经》中，称凹面铜镜为鉴凹，墨家研究了凹面镜成像的光学原理。墨家已经知道凹面镜存在成倒实像的现象。《墨经》说："临镜而立，景到。"意指物体经过凹面镜的反射，所成的影像是倒的。但它的成像规律有两种情况，物体在焦点之外时成倒像，物体在焦点之内时成正像。当物体在焦点之内时，离镜面越远，离焦点越近，镜光照到物体上的光线多，其反射回到镜面上的光线占镜面的面积大，因而所成的像越大；离镜面越近，离焦点越远，镜光照到物体上的光线少，其反射回到镜面上的光线占镜面的面积小，所成的像越小。物体在凹面镜焦点之内时，无论远近所成的像均为正像。物体在焦点之外时，离焦点越近，离镜面越近，镜光照到物体上的光线多，其反射回到镜面上的光线占镜面的面积大，因而所成的倒像越大；离镜面越远，离焦点越远，镜光照到物体上的光线少，其反射回到镜面上的光线占镜面的面积小，成的倒像越小。但无论如何，物体在凹面镜焦点之外，所成的像均为倒像。

从《墨经》中的记载可以看出墨家对光的性质，影的生成，本影半影现象，小孔成像，反射，影的大小、正倒与光源的大小远近的关系以及凹凸面镜成像现象都作了细致的分析研究。不难推测墨子及其弟子一定做了很多次实验，并针对这些实验进行了认真的观察和思考才能得出这些结论。在我国浩如烟海的经史著作中，《墨经》是唯一一本对几何光学进行系统性论述的典籍。

墨 子 力 学

力学是现代物理的重要分支，是研究机械运动的科学，它和人类制造工具密切相关。工具的使用最使人省力，可以完成人单凭体力难以完成的繁重劳动，这是人对工具最直观的感受。墨子善于制造精巧的工具，其门徒也多能工巧匠，技艺非凡。以墨子为代表的墨家从人的生产和生活实践中总结出力学原理，《墨经》中关于力的定义就是从人的体力概念引申出来的。"力，刑之所以奋也。"这里"刑"就是"形"，指人的身体。"奋"的意思是鸟张开翅膀从田野飞起。这句话的意思是说，力是使人的运动发生转移和变化的原因。从广义上说，"刑"引申为物体运动的状态，力是使物体运动的原因，使物体运动的作用叫作力。对此，墨子举例予以说明。重力："重之谓，下。"重力是力，方向向下。由此出发，墨子后学还钻研了简单机械运动的力学规律。《墨经》中提出了关于机械运动的正确概念："动，域徙也。"意思是说，机械运动的本质是物体位置的移动。这与现代机械运动的概念完全一致。在《墨经》中进一步阐述了平动、转动和滚动等几种不同的机械运动形式。

以墨子为代表的墨家发现了浮力原理。《墨经》中写道："刑（形）之大，其沉浅也，说在衡。"就是说，形体大的物体，在水中沉下的部分浅，这是由于物体重量被水的浮力平衡的缘故。这说明墨家不仅认识到浮力同重力的平衡关系，而且有定量的概念。墨家总结出浮力原理，并开始在生产中加以应用。

《墨经》中讨论了杠杆平衡问题。墨子用"称"来说明杠杆原理的作用。在《墨经》中，将"称"称为"衡"，将砝码叫作"权"，将悬挂的重物叫作"重"。支点的一边叫作"标"（**力臂**），另一边叫作"本"（**重臂**）。《墨经》描述了称东西时的平衡和不平衡状态。造成这两种状态是两边的重量相等或不相等。如果两边平衡，杠杆必然是水平的。在平衡状态下，加重其中一边，必将使这边下垂。这时要想使两边恢复平衡，应当移动支点，使"本"（**重臂**）缩短，"标"（**力臂**）加长。在"本"短"标"长的情况下，假若再在两边增加相等的重量，那么"标"这一端必定下垂。对此，《墨经》解释说，这是力臂和砝码的联合作用大于重臂和重物的联合作用的缘故。它不仅考虑到力或重的多少，而且还考虑了距离和平衡的关系。这种解释虽然没有明确说出其中的定量关系，但是实际上提出了力学中"力矩"的概念。可以说，墨家已经发现了杠杆平衡原理。利用杠杆原理，墨家推广制造了一些先进的工具，运用在生产、生活、军事上。

《墨经》提到的桔槔，原是利用杠杆原理制造的起重机械，用来汲水。它是用一横杆系连在一立柱的上端，系连点为支点，支点一端负重提水的一段横木是"本"，比较短，支点另一端的横木为"标"，比较长。桔槔本短标长，一般还在标端绑上一块大石头，加大标端的重量。汲水时，用手上举标杆，把水桶放入井中或河中，水桶灌满时，手松开标杆，这时较重的标端不仅不会向上翘，反而下降，水桶自然被提起。桔槔巧妙地运用了力学平衡原理，能够省力，工作效率高。墨家认为值得推广，就加以改进，作为筑城劳动中的起重机，地道战中的挖掘机，守城之战中杀伤敌人的冲撞机。

在修堤、筑城、挖护城河等大型工程中，墨子还提到杠杆类机械辘轳。辘轳是用绳索绕过可用手柄摇转的轴，牵引重物升降重物，比较省力，可谓是绞车的雏形。利用它可以用来提水、提土。在《墨子·备高临》守城防御战中，墨者把辘轳当作连弩之车的配套设备，用来拉开巨大的弩弓，回收长箭。

《墨子》一书中还提到挖掘地穴时用的机械滑车。滑车是一种装有滑轮来提土传土的杠杆类机械，用来牵引重物升降重物以节省大量人力，带来很多方便。《墨经》称赞了这种机械的妙用。

从机械运动方式讲，桔槔、辘轳、滑车等杠杆类机械都是提取重物而作的垂直运动，《墨经》中还记载了沿斜面运动的机械工具车梯。《墨经》中把垂直运动和斜面运动作了力学理论上的划分。物体由于重力垂直下落，墨子称为"正""下直"；而物体在斜面上运动不能够垂直下落，是由于受到与斜面平行的力的作用，可以在斜面上滑动。墨者发现了斜面原理，利用光滑斜面升降重物比垂直升降重物省力原理制造了工具。车梯就是利用斜面原理制造的工具。《墨子·经下》《墨子·经说下》记述车梯的构造装置和工作原理。它前两轮低，后两轮高，用一块长木板架在前后轴上，构成斜面。车梯重心在前端，静止时，需在车前端用绳索悬挂重物，以便在装物时保持平衡，不致后倾。车梯可以利用斜面往高处搬运重物，战时可改成攻城的云梯。《墨子·公输》中也曾提到公输班为楚国制造云梯用来攻打宋国，可墨子熟悉云梯的构造和使用方法，当着楚王的面破解了公输班的云梯攻城法。

在《墨经》中还讨论了好多科学问题，墨子给时间、空间下过定义，把时间定义为一种延续的过程，把空间定义为不同地点的和合。墨子研究过物体的运动与时间、空间的问题，甚至还讨论过生理学等方面的问题，对生命现象、睡眠、梦、气力等生理现象作过定义性思考。可以说《墨经》是一部百科全书式的著作，墨子是一位百科全书式的科学家。

第 7 章

哲 人 墨 子

　　哲学是对各种人类经验的反思，是一个时代理论思维的最高总结。墨子是继老子、孔子以后的第三位哲学家，他的哲学思想，总结了春秋战国这个特定时代人们对社会、自然认识的成果，体现了墨家改造社会的实践斗争的经验以及在自然科学和生产实践中的成就，在中国哲学史上占有重要的地位。

　　世界的本质是什么？老子提出世界的本质是道，它恍恍惚惚，不容易看清楚，却无所不在。道的运行法则是向相反的方向发展，万物的存在变化都是道的体现。整个世界都遵循着从无到有，再从有到无的运行规则。孔子呢，对自然世界的本质鲜有论述，他关注人类社会，他提出了礼和仁。孔子提出："非礼勿视，非礼勿听，非礼勿言，非礼勿动。"礼是社会的法则。"仁者，人也。"仁是人的本质属性。孔子还说："仁远乎哉？我欲仁，斯仁至矣。"仁离人很远吗？不，它离人很近，只要我想拥有它，它就有了。孔子曾称赞其得意弟子颜回，能把仁保持在身体里达三个月之久。他还说，有仁的人，一眼就能从人群里分辨出来。在孔子看来，仁是一种存在的东西。

墨子与老子、孔子不同，墨子尽管相信世界上存在天帝、鬼神，天帝、鬼神能够惩恶奖善，但墨子的天帝、鬼神是为他推行社会主张服务的，没有妨碍他对世界的客观认识。墨子认为外部世界是实实在在的，墨子对世界的认识接近我们今天的唯物主义观点。墨子和他的学生大都是工匠出身，具有科学家气质。他们重视生产劳动，接触到实实在在的客观世界，他们看到自然中的光线、物影、制造青铜镜能够成像，他们就研究光线传播的规律，成影、成像的原因。他们制造工具，研究物体的形状、材质，发展出几何数学理论，提出力学原理。以墨子为代表的墨家从对现实世界的接触中形成了物质世界的观念。在《墨子》一书中，墨子曾说，一根木棍如果采取每次取半，一直砍下去，最后木棍会达到一个极限不能再分，墨子称为端。这个端相当于点，不同于老子的道，是一个客观存在的不可分割的物质点。这种

162

对物质的认识类似于古希腊唯物主义思想家德谟克利特的原子论。

墨子把世界上的一切存在物都用物来表示，强调世界的物质性，认为世界万物的客观实在性不以人的认识为转移。《墨子·经上》说："物之所以然，与所以知之，与所以使人知之，不必同，说在病。"不管你对世界万物的认识是直接得来的，还是间接得来的，认识的程度如何，是不是符合实际，都不能否定物质的客观实在性。正如生病一样，你的感觉，医生的诊断，是否与病情有所出入，都不能否定生病的客观事实。对于物质世界是如此，对于社会领域中的事实也是如此，不管你感知到的还是感知不到的都是客观存在的。《墨子·经下》说："所知而弗能指，说在春也，逃臣、狗犬遗者。"逃亡的人、走失的狗，虽然你不能感知他们的存在，他们也是客观存在的。

面对丰富多彩的大千世界，墨子深刻地认识到物质的多样性和它们之间的普遍联系。《墨子·经下》说："欧物一体也，说在俱一，唯是。"意思是说，任何物体都具有物质的客观实在性这一普遍性，从物质的客观实在性看，世界万物都是相同的，这就是"俱一"。任何物体都具有该类事物的同一属性。这种同一性是该事物同其他事物区别开来的本质属性。牛是一种动物，任何一头牛都具有被称作牛的本质属性，这种本质属性既是自我认同标准，也是与其他动物诸如马区别开来的属性。这就是说任何一种物体的"唯是"。墨子认为，世界万物的差异性是客观存在的，这种差异性是通过相互的比较表现出来的。《墨子·经说下》说："物，甚长，甚短，莫长于是，莫短于是。是之是也，非是也者，莫甚于是。"意思是，物的程度怎么样，在于它与他物相比较。说很长，很短，就是再没有比它长的，再没有比它短的。它所具有的属性，就是除了它，再没有比得上它的。

墨子深入细致地研究了物的同和异的种类。他将同分为四种：重同、体同、合同、类同。重同是指一个物体有多个名称。体同是指多个物体从一个物体简单分割出来，如，一块石头碎裂成多个石头。合同是指不同的物体组合成一个新物体。类同是种类相同。墨子将事物的差异性也分为四种：不重、不体、不合、不类。不重指物的名和实不同；不体指两种物体不是同一物体的部分；不合指各个物体不存在同一空间；不类指各个物体不属于同一类别。

墨子还深刻认识到物的差异性表现在质与量上，他说，不同质的物不可比较它们的数量关系，正如树木的长度无法与夜的长短相比较。官爵、亲情、品行、商品无法比较哪个贵重，它们不属同类的质，无法比较它们的数量关系。同类的事物才可以比较数量关系。同一类别的有限物体才可比较，显示他们量的差异，其结果有的完全相同，有的有大小长短等量的差异。墨子提出了有限物体之间量的比较才有意义，无限物体量的比较则无法确定，这种认识虽有局限，但在墨子那个时代属于卓见。

墨子认为世界万物虽各有差异但不会固定不变，既有自身量的变化也有向他物转化的质变。《墨子·经说下》说："偏，俱一无变。"意思说，多个或两个物体合为一体后与原来一样。《墨子·经上》说："损，偏也者，兼之体也。其体或去或存，谓其存在者，损。"从另一角度论述了部分与整体的关系："偏"为不全。对于"兼"来说，"体"是它的"偏"，而"兼"是"体"的集合。若在"兼"中去掉一部分"体"，那么没有去掉的部分，就是"损"。总体而言，物体量的增减变化没有改变物体的根本性质。《墨子·经上》说："化，征易也。"一旦事物的本质属性"征"发生了变化，这种物体就会发生质变，变为他物，正如《墨子·经说上》说："化，若蛙为鹑。"但是墨子所说的质变不是老子说的从有到无，而是从一种有的形式转化为另一种有的形式。墨子将物质的变化概括为："存、亡、易、荡、治、化。"存，是指物体只有量的变化没有质的变化，仍然存在着。亡，物质发生质变已经转化为他物，该物质消亡不存在。易，物质发生了移动。荡是消尽。治是顺增。化是质变。墨子描述了物质变化的不同形式。

墨子谈物体总是放到时间和空间的关系中，诸如他用"有久之不止""无久之不止"来讲述慢速运动和瞬间运动的物体，研究飞行中的鸟和飞行中的箭的运动方式。墨子还进一步以时空的变化来解说物体的变化。《墨子·经说上》说："尽，但止动。"对世界万物存在状态来说不外乎相对静止和不断运动变化两种基本存在状态，墨子把静止分为有久之止和无久之止。运动变化在时空中分为：化、损、益、环、库、动。化是物体质的变化。损益是物体量的减少增加。环是物体的转动。库是物体的移动。动是空间的变化。再加上《墨经》提到的始、止，墨子描述了物体从开始变化经历各种运动变化状态演化成新的物质的过程，这之中既有物形的变化、空间的变化，又有物体构成的变化。

在考察世界万物的同一性、差异性及变化的客观存在时，墨子发现了万物之间存在着普遍的联系以及存在的因果关系。任何现象的出现都有其原因，任何现象产生变化的原因各不相同。对此他用"故"这个概念。"故"是事物发展的原因，有大故、小故之分。《墨子·经上》说："故，所得而后成也。""故"的意义是物之所以然，"所得"是指因，"而后成"是指果。事物的发生发展变化一定有因，照墨子看来，其中有大因，也有小因。小因即一部分的原因，大因即一般的原因，即大故、小故。一定的原因必然引起一定的结果，这是因果性中的必然性。正如《墨子·经说上》说："大故，有之必然，无之必不然"。但是，一种原因又可以引起多种结果，一种结果也可由多种原因引起，这就是因果性的偶然性。正如《墨子·经说上》说："小故，有之不必然，无之必不然。"所以，原因与结果的关系同时就包在必然性与偶然性的关系之中，反之亦然。一果多因中的不同的因，有"大因"与"小因"，即"大故"与"小故"之别。二者的关系也可以说是一定事物得以形成变化的必然性与偶然性的关系。

墨子考察事物的联系常常从数量的角度来谈论，正确估量了量与质的关系。在墨子生活的春秋战国时代，存在着一种五行思想，认为世界由金、木、水、火、土五种元素构成，这五种元素相生相克，金克木，木克水，水克火，火克土，土克金。就五行相生相克的关系，绝大多数人单纯地谈它们之间的关系。墨子认为单纯从质的角度谈五行关系还不够，应该考虑量的存在。墨子提出："五行毋常胜，说在宜。"五行中没有哪一个是必然制胜的，在适宜条件下，都可以制胜于其他。燃火可以销金，是因为火多，相反金多可以灭火。都说水能生木，如果水多就不见得能生木，反而会害木。离开了具体条件、度量界限谈说事物的关系是不恰当的。这种认识可谓是深刻的。

在探究世界万物的同一性、差异性时，墨子还发现世界万物的同一和差异的对立统一。他提出"同异交得仿有无"观点。同和异在同一事物中可以同时得到，就像同时得到有和无一样。墨子认为，两个不同事物具有一致的方面，这就是同。另一方面，只要是两个事物必有差异，这就是异。即使同一事物其自身也存在相异或对立的性质。在《墨经》中，有很多体现对立统一的命题：一个数和不同数相比较，可以既多又少；鸟儿用梧桐枝筑巢，巢既坚实又柔韧；一位妇女对其女儿来说是母亲长辈，对其母亲来说是女儿晚辈，她既长又少；一物颜色比甲物白比乙物黑，它既黑又白；老母鸡孵卵，在小鸡既出壳又未出壳时，是既成又未成；一人在兄弟之间行二，则他既可为兄又可为弟，说他是兄是弟都合适；身躯在某地，心思却驰往别处，这是既存又亡；价格定得合适，交易正常进行，对卖方买方而言，这个物价既贵又贱。这就深刻说明了在自然界、人类社会中事物存在对立统一的普遍性。

在发展变化中，如何才能保持事物"质"的稳定性？在老子看来，任何事物都会向对立面转化，"物壮则老"，转化是绝对的。为了不向对立面转化，老子提出"抱柔守雌"，用"弱"的方法；儒家提出了"中庸"的观念，提出"执两用中"，把握事物的两端，即把握一个事物中的矛盾的两个方面，不走极端，维持平衡和谐，不使矛盾破裂，不让事物出现质变，向对立面转化，反对过和不及。在如何保持质的稳定性上，墨子更接近儒家的观点。墨子提出："欲正权利，恶正权害。""权者，两而无偏。"其中的"正"相当于儒家的"中"，就是"质"的观念。一种事物具有其自身质的规定性，这就是"正"。"权"是把握此质不向异质转化的方法，与儒家"执两用中"的"执"是一个意思，"欲正"，即保持质的稳定性，是"利"，与害对立。"恶正"，即向异质转化，是"害"，与利相悖。

估量或握取（权）一定的事物，如离开一定事物的"正"，向左与右的异质方面有所偏向，就会发生质变，该事物就不是该事物了。"两而无偏"——就是不向导致异质的左右方面偏向。墨家的"欲正权利，恶正权害""两而无偏"与儒家的"执两用中"，都是肯定质的稳定性。《墨子·小取》举例说：经商运货，在深山密林遭遇强盗，这是害，断指是害，但割掉一个指头保全性命，就是害中之利了。两害相权取其轻。取小害在这种意义上就是取利了，牺牲局部保全整体，这可谓取"正"，保持质的稳定性。

名与实，是先秦哲学论争中的两个重要范畴。在中国哲学史上，墨子首先完整地提出了名实问题，并给以初步明确的解释。《墨子·经上》说："实，荣也。"实指事物，实在的东西必然有外表的东西表现出来。《墨子·经说上》解释说："实：其志气之见也；使之如己。"实包括志和气。志指事物的质，是事物中稳定不变的东西。气指事物的量及属性，变动的东西。各种事物（实）都具有自己的一定的、具体的"质"，和从各方面表现出来的一定的属性；这种一定的、具体的质和属性，使该事物（实）成为该事物而区别于他物。《墨子·经说下》说："有之实也，而后谓之。无之实也，则无谓。"事物先有其实体，然后才取个名字称呼它，没有这样的实体，就不能取这样的名字称呼它。《墨经》说："举，拟实也。""是名也，止于实也。"称呼物名要与实物相合，符合那个实物。如果名不能够反映那个事物，就没有任何意义了。在《墨子·公孟》一篇中，墨子批评了儒者名不副实的做法。墨子问一个儒士："为什么要从事音乐?"那个儒士回答："把音乐作为娱乐。"墨子反驳他说："现在我问为什么建房子，你回答说，冬天可以在房子里御寒，夏天在房子里避暑，房子是用来分别男女的。那你就告诉我建房子的缘由了。现在我问你为什么从事音乐，你回答说，把音乐作为娱乐。就好比问你为什么建房子，你回答把房子当作房子一样。"墨子强调名必须反映客观事物的内容。在名实关系上，墨子主张取名予实，先实后名，名必须服从实，没有实作基础，名就是虚假的。这些思想都具有唯物主义的性质。

墨子哲学思想的最大贡献是认识论。尽管墨子认为外部世界具有客观实在性，事物的存在及其状态不以人的主观意志而定，但外部世界是可以认识的。《墨子·经说上》说："知，知也者，所以知也，而必知，若明。"人具有眼、耳、鼻、口、皮肤等感觉器官，这些感觉器官具有感知外部世界的生理机能，能够获取外部世界的现象，得到感性认识。人具有思维能力，能够从感性材料中归纳分析出本质规律性的东西。《墨子·经上》说："循所闻而得其意，心之察也。""执所言而意得见，心之辩也。"人具有传授接受知识的能力，具有从已知推知未知的推理能力，这扩展了人认识的范围和深度。

墨子把人的知识来源主要分为"闻知""说知""亲知"三类，"闻知"是经传授而得来的知识，"说知"是通过推理得来的知识，"亲知"是通过亲身实践而取得经验得来的知识。这就否定了唯心主义的先验论。其中墨子又把"闻知"分为"传闻"和"亲闻"二种，这两种间接得来的知识，在墨子看来都不能简单地接受，必须融会贯通，使其变为自己的知识。因而墨子强调要"循所闻而得其义"，即在听闻之后，加以观察和思考，把别人的知识作为基础，进一步融会贯通。除"闻知"和"说知"以外，墨子非常重视"亲知"获得知识的作用。墨子所说的"亲知"就是通过自己亲身实践所获得的知识。墨子把"亲知"的认识过程分为"虑""接""明"三个步骤。"虑"是指运用人的认识能力进行求知的活动，但仅仅是思考却未必能够获得知识，就如同看见事物，却未必能够认知到事物的本质。这就要"接"。"接"指用眼、耳、鼻、舌、身等感觉器官与事物相接触，来感知事物所表现出来的各种属性，正如眼睛看到了东西，感知了其外貌。这时，获得的仍然是很不完整、不全面的知识，只是事物的具象，没有感知到事物本质规律性的东西。必须把人由感官得到的不完整、不全面的知识进行分析和推理，得到本质规律性的认识，这样从认识上就达到了"明"的阶段。

墨子认为知识有着相对性。世界万物存在多样性、复杂性，而人的认识能力范围又有局限性，人对外部世界的认识与客观实际状况存在差异。《墨子·小取》说："其然也，有所以然也。其然也同，其所以然不必同。其取之也，有所以取之。其取之也同，其所以取之不必同。是故辟、侔、援、推之辞，行而异，转而诡，远而失，流而离本，则不可不审也，不可常用也。故言多方，殊类异故，则不可偏观也。"世界万物的发展变化的现象和原因存在多方面的联系，在推理类比过程中，概念定义混乱、语言的歧义，势必造成认识的偏差，主观认识与客观存在差别，因而认识存在相对性。对此，墨子提出"三表法"。

"三表法"前面已有论述，即把人的认识放到实践中检验。其一"本之"，"上本之于古者圣王之事"，就是往上探求古代圣王的事迹，把历史实践的经验作为检验认识的标准。墨子论证自己对社会的主张，常常引证古代圣王的事迹，说明其正确性。其二是"原之"，"下原察百姓耳目之实"，就是向下去考察百姓耳目所闻所见的实情，把老百姓所闻所见的日常经验作为判别认识是否正确的标准，这就是把认识放到人民大众的实践中去检验。其三是"用之"，"废以为刑政，观其中国家百姓人民之利"，就是将它放在社会实践中应用，看是否符合国家百姓的利益。墨子提出"三表法"，把实践作为检验认识的标准，在认识论上闪耀着智慧的光芒。

重实践、重实用，是墨子哲学的特点，因而他强调知行合一，把知行合一作为墨家的道德标准。墨子批判"言则称于汤、文，行则譬于狗豨"的言行不一的行为，主张"口言之，身行之"。《墨子·公孟》篇记述，好空谈的告子对墨子说："我能治理国家。"墨子回答说："对于政事，口里讲了，自己就要去做。现在你口说，却不去实行，这是你自身错乱。你连自身都管不好，怎能治理好政事？你还是去防备自身不要出错乱吧。"墨子自己就是"无言不行"的代表，他一生都在躬行实践他那"兼相爱，交相利"的政治理想，不惜摩顶放踵。

可以说，墨子是他自身哲学思想的贯彻者、实践者，知行合一的楷模。

第8章

墨家的历史命运

墨子劳心苦形以救天下之急，勤苦一生。他为社会的不平、不公和苦难呐喊，不懈地实践自己的理想和道义，对自己的学说，兼爱天下的社会理想，坚信不疑。墨子曾经慨然而呼："即使天下无人，我的言论仍会存在！""用别的言论反对我的学说，就像用鸡蛋砸石头一样，即使用尽了天下的鸡蛋，石头还是这个样子。我的学说是不可诋毁的。我的主张是可以实施的。放弃我的主张，改变我的学说，就像放弃收获自己的庄稼反而去捡别人收获时遗漏的谷穗一样。"然而墨子生前并没有阻挡兼并战争的步伐，也没能够看到"兼相爱，交相利"的理想社会实现。继墨子之后，出现孟胜、田襄子、腹䵄等几位著名的巨子。孟胜居住在楚国，田襄子居住在齐国，腹䵍居住在秦国，他们传播墨子的思想，发展墨子的事业，使墨家队伍进一步壮大。墨子之学在战国时代被人称为显学，盛极一时。孟子曾说，"天下不归杨则归墨"。荀子感叹，"礼乐灭息，圣人隐伏，墨术行"。然而，墨子死后，墨家在传播中分裂为三派。据《韩非子·显学》记载："有相里氏之墨，有相夫氏之墨，有邓陵氏之墨。"此三家，后人称其为后期墨家。三家都号称真墨。现在的《墨子》一书，重要的篇章大都分为上、中、下三篇，有可能就是三家在传播墨子思想留下的不同记述。

关于对墨子的评价自古及今论述很多。儒家亚圣孟子距墨子有生之年较近，在那个时代儒墨并为显学，思想对立。孟子对墨子的批判极为激烈。"杨氏为我，是无君也；墨氏兼爱，是无父也。无父无君，是禽兽也。""杨墨之道不息，孔子之道不著，是邪说诬民，充塞仁义也。仁义充塞，则率兽食人，人将相食。"好像墨子妖言惑众，如果不加以根除，孔子讲述的仁义之道就会被遮蔽。他呼吁儒家信徒批判墨子的学说，"能言距杨墨者，圣人之徒也"。孟子对墨子的批判言论尽管偏颇，但也指出了墨子学说缺乏现实的可行性。中国社会是以分散的小农经济为基础的宗族宗法社会，代表小农利益的墨子思想却不能维护宗法社会的政治秩序，反而成为中央集权政治的异己力量，千百年来，墨学被视为异端，诬为禽兽之学，原因就在于此。

荀子批判墨子说"蔽于用而不知文"，"墨子有见于齐，无见于畸"。认为墨子只看到功利的一面而不懂得文化的作用，只片面强调社会的均等齐一而抹杀了尊卑贵贱的等级差别。荀子还批判墨子不懂得统一天下、建设国家的轻重，只知道崇尚功利，注重节俭，而且抹杀上下、尊卑的级别，这就不足以表现差异、区别君臣；然而他们做起来以为有所本，说起来以为有道理，足以欺惑一般群众。荀子更加深刻地指出了墨子与社会现实的脱节。墨子的兼爱思想，主张人人平等、生存平等、平等获利、爱无等差，企图以独立的个体协调和谐达到统一社会，他忽视了社会现实的存在基础，社会各阶层由于政治经济地位的差异、社会分工的不同，导致物质利益和追求的差异，也不能够协调个人与个人、个人与集体的矛盾。

战国时期的思想家庄子则以同情的态度批评墨子说："今墨子独生不歌，死不服，桐棺三寸而无椁，以为法式。以此教人，恐不爱人；以此自行，固不爱己，未败墨子道。虽然，歌而非歌，哭而非哭，乐而非乐，是果类乎？其生也勤，其死也薄，其道大觳。使人忧，使人悲，其行难为也，恐不可以为圣人之道，反天下之心，天下不堪。墨子虽独能任，奈天下何？离于天下，其去王也远矣。"大意是，如今墨家独自主张生前不唱歌，死时不厚葬，桐木棺材厚三寸而且不用外棺，并以此作为法度和定规。用这样的主张来教育人，恐怕不是真正爱护人；用这样的要求约束自己，当然不是真正爱惜自己。这并非有意要诋毁墨家的学说，虽然如此，不过情感表达需要歌唱却一味反对唱歌，情感表达需要哭泣却一味反对哭泣，情感表达需要欢乐却一味反对欢乐，这样做果真跟人的真情实感相吻合吗？他们主张人活在世上要勤劳，死的时候要淡薄，墨家的学说太苛刻了；使人忧虑，使人悲悯，做起来也难以办到，恐怕不能够算是圣人之道，违反了天下人的心愿，天下之人也就不能忍受。墨子即使能够独自实行，又能拿天下人怎么样？背离了天下人的心愿，距离百姓一心归往的境界也就很远了。庄子说墨子的行为违背人性，不能被普通人所接受，不能作为普遍的道理在社会上倡导。汉代史学家司马谈在《论六家要旨》中也认为墨学"俭而难遵"。这都暗示了墨家悲剧性的历史命运。

然而批评过墨子的孟子、庄子又对墨子的人格加以推崇。孟子说墨子，如果有有利于天下的事，墨子即使摩顶放踵也在所不惜。庄子称赞墨子："墨子真天下之好也，将求之不得也，虽枯槁不舍也。才士也夫！"说墨子是天下的楷模，理想和追求一天不实现便一天不停止奋斗，虽然弄得形容枯槁也在所不惜。真是天下的好人啊。的确，墨子以天下为己任，为历代仁人志士所推崇，他提出并为之奋斗的互爱互利的美好社会理想更是长留人间，为劳苦大众所憧憬和向往。

墨学这一战国时期名闻天下的显学，秦汉以后，大一统中央集权国家政体建立后，几近消失断绝。

战国后期秦国发动大规模的兼并战争，反对兼并战争的墨家组织受到了很大削弱。秦始皇统一中国后，在文化上禁百家之学，墨学再度受到挤压。刘邦建汉后，墨家开始活动已见诸史书记载，《盐铁论》记载说，那时"儒墨咸聚于江淮之间"。然而汉代建立了大一统的中央集权国家，汉武帝时，采取大儒董仲舒主张的"罢黜百家，独尊儒术"的文化政策，儒学被定为官方学说，墨学被视为异端邪说，遭到摒弃，甚至封杀。墨家作为一个严密组织，有自己的组织纪律、武装人员，任侠用气，也为大一统的专制政府所不容，遭受打击和禁止。这一次是墨家的空前浩劫，墨学和墨者迅速淹没在历史长河之中。墨家流传下来的历史资料很少，以致司马迁作《史记》时，短短二十四字为大思想家墨子立传。可司马迁距墨子活动的时间仅仅三百余年。此后墨学沉寂了三个世纪之久，无人关注。

魏晋时期，儒学一统天下的局面开始打破，包括老庄、佛教、道教活跃起来，思想界获得了相对自由，也有学者开

179

始关注墨学。西晋有个叫鲁胜的人对墨家逻辑感兴趣，为《墨子》中的《经上》《经下》《经说上》《经说下》《大取》《小取》作了注，还写了一篇《墨辩注序》。这是一篇有价值的学术文献，一直保留到今天。然而在漫长的历史岁月里，墨学一直被边缘化，几乎尘封在历史之中。《墨子》一书之所以能够保存到今天，从一定意义上归功于道教。东晋道士葛洪将墨子列入道教神仙之列，《墨子》一书顺理成章地成为道教的典籍，汇编于《道藏》中。这为中国保留下一脉伟大的学术传统。

从历史记载来看，唐朝才有个叫乐台的人为《墨子》一书作注。此注一直流传到宋代，这说明其间还有人关注墨子。然而在漫长的岁月里，墨学一直被冷落，很多人不仅不理解它，反而诋毁它，尤其是儒学家。这种状况一直到了清朝中期才得以改变。其时很多学者关注它、研究它，并不是对墨子的思想感兴趣。清朝统治者实行文化专制政策，大兴文字狱，学者们处处犯忌，于是钻到故纸堆里，给古书校正文字，考证古代的名物制度，形成了历史上有名的考据学。他们对《墨子》感兴趣，只是因为它是一部先秦古书。这些人大多是儒家信徒，从思想深处来说并不认同墨子的思想学说，甚至对墨子还有偏见。在学者中只有一个叫汪中的学者是个例外，他研究了墨学的历史及墨子的思想，说孟子骂墨子是在诬陷墨子。这一下，汪中可惹了祸，遭到儒家的卫道士的指责和痛恨。当时的大官僚道学家翁方纲指控汪中践踏正统伦理道德，是名教的罪人。

鸦片战争后，中国饱受西方列强侵略。先进的国人探索富国强兵之路，开始打破儒学的禁锢，广求救国之路，不仅涉足西学，也从古代诸子百家中寻求启示。富有理性传统，重视实用，讲究科学技术的墨家著作受到重视。这时出现了不少墨家研究专家，最著名的是孙诒让。他广集百家之长，整理校释了《墨子》，著有《墨子闲诂》。孙诒让不仅运用考据学的方法研究《墨子》的字音、字义，还冲破儒家的思想禁锢，肯定了墨子的高尚人格和思想成就，在墨子学术研究上起到了里程碑的作用。

墨学的本质精神注定无法与集权的专制政体苟合，墨学的重兴必然要等待专制集权政体的崩溃。在晚清时期，封建专制面临解体，思想上的专制罗网被撕开一角，墨子的学说作为中国最富创造力的文化传统重新受到重视。

践行墨子兼爱思想与侠义思想的首推维新革命家谭嗣同。谭嗣同在《仁学·自序》中写道："墨有两派：一曰任侠，吾所谓仁也，在汉有党锢，在宋有永嘉，略得其一体；一曰格致，吾所谓学也，在秦有《吕览》，在汉有《淮南》，各识其偏端。仁而学，学而仁，今之士其勿为高远哉！即墨之两派，以近合孔耶，远探佛法，亦云汰矣。"谭嗣同将几乎绝迹的墨学提升到前所未有的高度。从成长经历来说，维新革命家谭嗣同受墨子的人格力量影响很深，他自述说："吾自少至壮……由是益轻其生命，以为块然躯壳，除利人之外，复何足惜！深念高望，私怀墨子摩顶放踵之志矣。"后来谭嗣同在维新变法失败后，放弃生的选择，决定以死唤醒国人的觉悟，慷慨就死，以其生命践行了"摩顶放踵以利天下"的墨家精神。

五四运动对中国思想界起到了文化启蒙作用，科学、民主观念深入人心，墨学吸引了更多的学人，墨学研究成为一种风尚。墨子思想中讲科学重理性的思想成了批判愚昧封建的有力思想武器。这一时期研究墨子最著名的学者为梁启超、胡适，他们受过西方教育，具有西方科学、哲学知识研究方法，超越了清代考据家的研究方法，开创了科学研究之路。

梁启超先后写有三本墨学专著，《子墨子学说》《墨子学案》《墨经校释》。梁启超以其敏锐而广博的历史视野考察了墨子学说。他认为墨子学说尽管两千多年来受到冷遇，但其一些根本理念，已经融合为中华民族的特性。譬如，在文化的价值取向上，中国人一向反对穷兵黩武，这种民族特性与墨子主张的"非攻"学说是相一致的。梁启超认为在国际社会，墨子的非攻学说还有极强的生命力，他预言说："斯义者，则止今后全世界国际关系改造之枢机。"梁启超对墨子的人格也极为敬仰，他盛赞墨子："呜呼！千古之大实行家，孰有如子墨子耶？孰有如子墨子耶？"胡适在美国哥伦比亚大学的博士论文《先秦名学史》，重点研究了墨家逻辑学成就。胡适认为，墨学是中国传统文化中与西方近代文化最接近的一支，墨家的逻辑学与科学，在古代中国，没有任何学术思想流派能与之相提并论。

墨子引起西方人的注意也是一百余年前的事情，最初研究墨子的是西方传教士，研究墨子也是出于传教的目的。英国牧师理雅洛，在香港传教数十年，曾写了《中国人的天道鬼神观》，涉及墨子的"天志""明鬼"宗教思想。他还把《墨子》一书的《兼爱》三篇翻译到西方。从 20 世纪开始，西方人开始打破传教士的眼界，注意到墨子的学术思想内容，出现了一批研究墨子的专家。其中最著名的是英国学者李约瑟，他撰写了鸿篇巨制《中国科学技术史》。李约瑟详细论及了墨家的科学方法、墨家的测量光学等，对墨学研究作出了贡献。

墨子提倡和平，反对侵略战争，主张兼爱，这与时代更加契合。墨子受到更加广泛的关注，不同方面的人都能从中汲取营养和智慧。墨学中的精华一定会发扬光大。

附录

年　谱

公元前 479 年　孔子去世，终年七十三岁，墨子生于孔子
死后。

公元前 468 年　墨子出生在鲁国的一个手工业家庭。此说
是清代孙诒让考订。

公元前 465 年　越王勾践去世，《墨子·兼爱》等篇谈及越
王勾践事情。

公元前 453 年　韩、赵、魏灭智伯。《墨子·非攻》及《墨
子·公孟》记述有智伯围赵襄子于晋阳，韩、赵、魏
三家击败智伯。

公元前 440 年　公输班为楚国制造云梯，准备攻宋，墨子
正值壮年，从鲁国到齐国，止楚攻宋。

公元前 439 年　墨子献书楚惠王。

公元前 438 年　墨子回到鲁国，越王来迎，墨子拒绝越王
封赏。

公元前 422 年　墨子大约五十岁，仕于宋。宋国的大臣子

罕反对墨子宣传兼爱、非攻思想，设计囚禁了墨子。

不久，墨子被救离宋国。

公元前412年　齐攻占鲁国的莒、安阳。墨子的弟子胜绰
　　帮助项子牛三侵鲁地。墨子派弟子高孙子请退胜绰。

公元前403年　墨子到齐国见齐君田和，止齐攻鲁。

公元前394年　墨子阻止鲁阳文君攻郑。

参 考 书 目

1. 蒋玉斌、辛志凤：《墨子译注》，黑龙江人民出版社，2003 年。

2. 孙诒让：《墨子闲诂》，中华书局，1954 年。

3. 冯友兰：《中国哲学史》（上册），生活·读书·新知三联书店，2009 年。

4. 谭家健：《墨子研究》，贵州教育出版社，1995 年。

5. 刘泽华：《中国古代政治思想史》，南开大学出版社，1992 年。

6. 郭成智：《墨子鲁阳人考论》，黄山书社，1999 年。

7. 司马迁：《史记》，中华书局，1982 年。

8. 邢兆良：《墨子评传》，南京大学出版社，1993 年。

9. 孙中原：《墨子及其后学》，新华出版社，1993 年。

10. 吴晋生、黄历鸿、吴薇薇：《墨学与当代政治》，中国书店，1997 年。